Les insectes
David Suzuki

et Barbara Hehner

Traduit par
Marie - Claude Désorcy

Éditions Études Vivantes

LES INSECTES

Traduction de: Looking at Insects, © 1985 by David Suzuki and Barbara Hehner. First published in Canada in the English Language by Stoddart Publishing, Toronto, Ontario.

Conception graphique: Brant Cowie/Artplus

© Éditions Études Vivantes, Montréal, 1986

Produit sur imprimante au laser par: **Les Éditions de la Chenelière inc.**

Éditions Études Vivantes
6700, chemin Côte de Liesse
Saint-Laurent (Québec)
H4T lE3   Canada

ISBN 2-7607-0302-9

Dépôt légal 3e trimestre 1986
Bibliothèque nationale du Québec
Bibliothèque nationale du Canada

Imprimé au Canada
1   2   3   4   5   90   89   88   87   86

Photolithographie et impression: Imprimerie Gagné ltée

Table des matières

À Alice et Chet Embury
et
à la mémoire de Setsu Nakamura Suzuki

Bien que le masculin soit utilisé dans le texte, les mots relatifs aux personnes désignent aussi bien les hommes que les femmes.

NOTE IMPORTANTE AUX ENFANTS ET AUX ADULTES

Le signe ⊗ apparaît dans certaines activités de ton livre. Il t'indique qu'une étape est plus difficile que les autres. Par exemple, elle peut te demander d'utiliser de l'eau bouillante ou un couteau. Alors, chaque fois que tu verras ce signe, demande à un adulte de t'aider. D'ailleurs, la plupart des adultes voudront participer à la réalisation de ces activités et s'amuser eux aussi.

Introduction

À quoi le mot «nature» te fait-il penser? Probablement aux arbres, aux poissons, aux oiseaux et aux mammifères, qui sont gros et bien visibles. Mais la nature regorge de créatures plus petites qui sont tout aussi variées et intéressantes: les *insectes*. Même dans une grande ville, tu peux trouver toutes sortes d'insectes. Les papillons élégants, les abeilles et les fourmis travailleuses, les mouches et les moustiques agaçants, tous les insectes occupent une place importante dans le monde qui nous entoure.

Pour commencer à t'intéresser aux insectes, essaie d'imaginer ce qui se passerait si tu étais transformé en coccinelle. Les brins d'herbe t'apparaîtraient alors comme des arbres énormes. Partout, des oiseaux, des araignées et d'autres animaux essaieraient de te dévorer. Comment te déplacerais-tu? Comment te nourrirais-tu? Où habiterais-tu? Comment retrouverais-tu tes compagnons? Maintenant, tu vois pourquoi les insectes sont intéressants.

Il me semble que j'ai toujours collectionné des insectes. J'en avais plein des bocaux et des boîtes de conserve. Par chance, mes parents m'encourageaient à continuer plutôt que de jeter mes collections. Aujourd'hui encore, je peux m'asseoir et observer des fourmis pendant des heures. C'est pourquoi je suis toujours surpris quand les gens font la grimace et s'écrient: «Des insectes! Pouah! Chassez-les!» Ces personnes considèrent les insectes comme des bestioles repoussantes, et elles les détestent. Quand tu auras lu ce livre et fait connaissance avec quelques insectes, j'espère que tu penseras, comme moi, que les insectes sont des amis merveilleux et fascinants.

DAVID SUZUKI

Le monde des insectes

Un étrange petit monde

Imagine que tu voyages loin, très loin dans le temps et que tu te retrouves il y a 300 millions d'années. La température est très chaude et très humide. Il y a beaucoup de marécages. Tu ne vois pas d'arbres, mais tu aperçois beaucoup de fougères géantes.

Quelque chose vole vers toi. Qu'est-ce que c'est? Une libellule, mais elle est aussi grosse qu'un goéland! Tu ne peux t'empêcher de baisser la tête à son passage. Mais tu es la seule personne à t'étonner de cette libellule. En effet, les tout premiers humains n'apparaîtront que beaucoup plus tard. Les insectes existent depuis 300 fois plus longtemps que nous!

Maintenant, reviens au présent et atterris dans ta cour. Elle a l'air bien tranquille par un après-midi d'été. Cependant, si tu y regardes de près, tu découvriras un monde grouillant et étonnant. Partout, il y a des insectes: ils rampent dans l'herbe, creusent sous les pierres, bourdonnent et volètent dans l'air. Certains prennent leur premier envol, tandis que d'autres construisent des villes souterraines ou livrent de violents combats. Comme aucun de ces insectes n'est aussi gros que la libellule préhistorique, il est facile d'oublier leur présence.

Sur environ un mètre carré de ta cour, on peut probablement compter de 500 à 2000 insectes. Dans un parc de stationnement de deux kilomètres carrés, il y a sans doute plus d'insectes que d'humains sur la Terre!

Les insectes peuvent vivre presque partout: sur le sol, dans les arbres, dans la terre, dans l'eau douce, dans l'eau salée, dans la glace, dans la neige et dans des flaques d'huile. Certains d'entre eux vivent dans la fourrure des animaux ou même à l'intérieur de leur corps. Les insectes se nourrissent à peu près de tout. Certains mangent de la viande, d'autres mangent des fruits et des légumes. Quelques-uns s'abreuvent du suc des fleurs. D'autres boivent du sang. Il y a même des insectes qui avalent du bois.

Ceux qui étudient les insectes (les entomologistes) en ont découvert plus d'un million d'espèces. Chaque année, ils en découvrent des milliers d'autres — et ce n'est pas terminé. Il y a des insectes de toutes les couleurs. Ils peuvent être minces comme des bâtonnets, gros et poilus ou brillants et durs. Malgré ces différences, leur corps comprend toujours trois parties principales: une tête, un *thorax* et un *abdomen*.

Tous les insectes ont six pattes attachées à leur thorax. Comment t'y prendrais-tu pour marcher avec six pattes? Avancerais-tu une patte à la fois? Une paire de pattes à la fois? Voici comment font les insectes. Ils avancent la première patte droite, la troisième patte droite et la deuxième patte *gauche* en même temps. Puis ils posent ces trois pattes et soulèvent la première patte gauche, la troisième patte gauche et la deuxième patte *droite*. T'y retrouves-tu? Es-tu content de n'avoir que deux jambes à bouger?

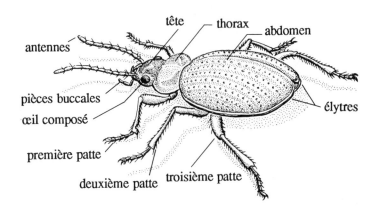

tête   thorax   abdomen

antennes

pièces buccales
œil composé

première patte

deuxième patte   troisième patte

élytres

Plusieurs insectes adultes ont aussi une ou deux paires d'ailes attachées à leur thorax.

As-tu déjà vu une abeille ou une mouche se cogner contre un mur ou une fenêtre, puis prendre une autre direction en bourdonnant très fort? Si tu fonçais dans un mur, tu pourrais te faire très mal. Pourquoi les insectes s'en sortent-ils indemnes? Parce qu'ils portent une armure. Plutôt que d'avoir, comme nous, un squelette à l'intérieur de leur corps, les insectes possèdent une carapace appelée *exosquelette* (le préfixe *exo* vient du mot grec qui veut dire «extérieur»).

L'intérieur du corps des insectes est aussi très différent du nôtre. Bien qu'ils respirent, ils n'ont pas de poumons. Chez eux, cet organe est remplacé par de petits tubes qui donnent sur les côtés de leur corps. Ils n'ont pas non plus de vaisseaux sanguins. Leur sang circule librement à travers leur corps. Il peut être jaune ou vert, mais rarement rouge. Le sang rouge qui se répand quand tu écrases un moustique, c'est probablement le tien!

Commençons à observer cet étrange petit monde qui nous entoure. Qui sait les merveilles qui nous attendent?

Comment capturer des insectes sans les blesser

Tu peux toucher à la plupart des insectes sans danger. En fait, c'est plutôt *toi* qui représentes un danger pour eux, à moins de savoir comment les traiter correctement.

Matériel

Un verre de plastique transparent
Un morceau de carton

Marche à suivre

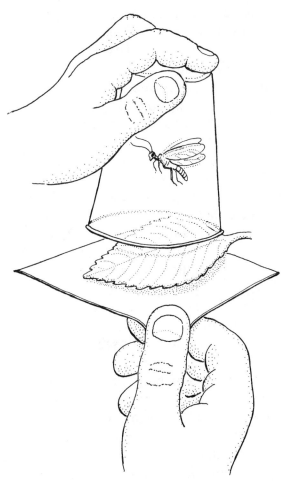

I. Comment capturer des insectes volants

1. Attends qu'un insecte s'arrête pour boire du nectar ou qu'il se pose sur une feuille. Tiens l'ouverture du verre au-dessus de la fleur ou de la feuille. Quand l'insecte s'apercevra du danger, il s'élèvera. Alors, pose rapidement le morceau de carton contre le bord du verre.

2. En tenant le carton en place, apporte l'insecte à une table. Dépose le verre. Maintenant, tu peux observer ta prise à ton aise à travers la paroi du verre.

II. Comment capturer des planipennes

1. Tu peux trouver des planipennes les soirs d'été, sur les moustiquaires des portes et des fenêtres. Ils ont de très longues ailes qui dépassent de leur corps. Tu peux les attraper en pinçant *délicatement* l'extrémité de leurs ailes entre ton pouce et ton index. Mets le planipenne dans ta cage à insecte. (Tu apprendras à fabriquer une cage à insecte à la page 13.)

   Tu peux aussi capturer des planipennes avec un verre et un carton.

III. Comment capturer des coccinelles

1. Humecte le bout de ton doigt. Pose-le *délicatement* sur le dos de la coccinelle. Elle y collera assez longtemps pour que tu puisses la déposer dans ta cage à insecte.

IV. Comment capturer des fourmis et d'autres insectes rampants

1. Pose un petit morceau de papier ou de carton sur le chemin de l'insecte. Couvre l'insecte avec le verre de plastique. Ce faisant, prends soin de ne pas lui blesser une patte. Transporte l'insecte jusqu'à une table où tu pourras l'observer de plus près.

V. Insectes à éviter

1. Les abeilles et les guêpes: ne risque pas de te faire piquer. Observe-les à l'extérieur et d'une distance sûre.
2. Les libellules: elles sont très difficiles à attraper, sauf avec un filet. Et même avec un filet, il faut beaucoup d'adresse pour attraper une libellule sans la blesser. Observe les libellules à l'extérieur.
3. Ne capture pas de coléoptères aquatiques ou terrestres avec tes mains. Certains ont une morsure douloureuse.

Une cage grossissante

Il peut être pratique d'avoir une cage à insecte afin de prendre le temps d'observer un insecte de près avant de le libérer. Fais cette activité et celle de la page 15 pour apprendre à fabriquer facilement deux sortes de cage.

Matériel

Un verre de plastique souple et
    transparent
Une loupe d'environ 8 cm de diamètre
Des ciseaux
Un ruban à mesurer ou une règle
Du ruban cache adhésif

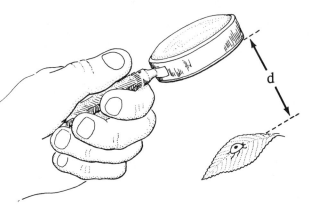

Marche à suivre

1. D'abord, essaie ta loupe. Cherche à quelle distance tu dois la tenir pour voir un objet clairement. Mesure cette distance avec un ruban à mesurer ou une règle.
2. Reporte cette longueur sur le verre de plastique, en partant du bord.
3. ⊗ Découpe le bas du verre de plastique avec les ciseaux. Tu obtiens un tube ouvert aux deux bouts.

4. Pose la loupe sur l'une des ouver-
tures du tube. Choisis l'ouverture
qui s'ajuste le mieux à la loupe. Fixe
la loupe au tube avec du ruban cache
adhésif.

5. Tu as maintenant une cage à insecte
grossissante. À travers les côtés, tu
peux voir l'insecte grandeur nature.
À travers la loupe, tu peux voir
l'insecte en détail.

6. Capture délicatement un insecte
(vois à la page 11) et mets-le dans la
cage. Quand tu auras fini de
l'observer, libère-le.

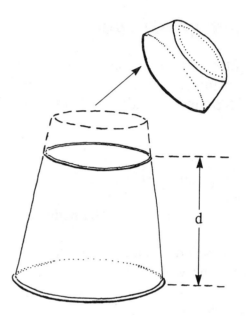

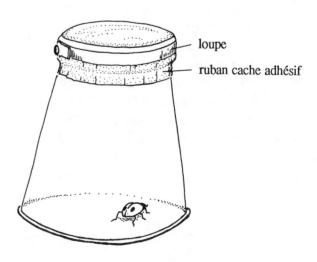

loupe

ruban cache adhésif

ACTIVITÉ

Une cage portative

Voici comment fabriquer une cage pratique que tu pourras emporter lors de tes promenades en nature.

Matériel

Une pièce d'environ 20 cm sur 20 cm de moustiquaire fin (tu peux t'en procurer dans une quincaillerie)
Du fil de fer ou des attaches métalliques
Du ruban gommé
Des couvercles de grosses canettes de produits à vaporiser (fixatif pour les cheveux, empois, détergent à tapis, etc.)
Un long cure-pipe

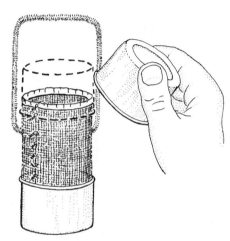

Marche à suivre

1. ⊗ Enroule le morceau de mousti-quaire de façon à former un tube qui s'ajuste bien à l'un des couvercles. Attache le tube avec du fil de fer ou des attaches métalliques.
2. ⊗ Recouvre les bords du tube avec du ruban gommé, afin de ne pas t'égratigner.

3. Mets le tube dans le couvercle. L'extrémité ouverte deviendra le haut de ta cage à insecte. Fixe le cure-pipe au tube pour te faire une poignée. Prévois assez d'espace pour poser le couvercle.
4. Mets le couvercle sur ta cage et emporte-la en promenade. Tu peux garder des insectes dans cette cage le temps de les observer ou de les montrer à tes amis. Ensuite, libère-les.

ACTIVITÉ

Une collection d'insectes instantanée

Quelque part dans ta maison, une intéressante collection d'insectes t'attend probablement. Tu en doutes? Voyons un peu. Si tu es de ceux qui ont un peu peur de toucher à des insectes vivants, tu trouveras peut-être amusant d'observer des insectes morts.

Matériel

Une boîte de carton
Une loupe
De la pâte à modeler
Des épingles

Marche à suivre

1. Regarde sur les appuis des fenêtres ou entre les vitres et les moustiquaires. Tu as des chances d'y trouver des insectes morts. Habituellement, quelle est la position des insectes morts? Mets-les dans ta boîte de carton. Manipule-les avec soin, car ils sont fragiles.

2. ⊗ Il y a souvent des insectes dans les appareils d'éclairage (et surtout dans les plafonniers) qui n'ont pas été nettoyés depuis quelque temps. Demande à un adulte de t'aider à dévisser l'abat-jour. Tu peux ensuite déposer tes prises dans ta boîte de carton.

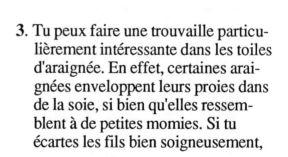

3. Tu peux faire une trouvaille particulièrement intéressante dans les toiles d'araignée. En effet, certaines araignées enveloppent leurs proies dans de la soie, si bien qu'elles ressemblent à de petites momies. Si tu écartes les fils bien soigneusement,

tu trouveras le corps d'un insecte. Comme les araignées aspirent les sucs de leurs proies, tu ne trouveras peut-être que la carapace de l'insecte.

4. Combien d'espèces d'insectes as-tu trouvées? As-tu trouvé autre chose que des insectes? Explique ta réponse. À la bibliothèque, consulte un livre sur les insectes pour trouver le nom des insectes de ta collection. Observe les insectes avec ta loupe.

5. Tu peux monter des insectes que tu trouves (tu *ne* parviendras *pas* à monter les insectes desséchés qui sont morts depuis longtemps). Voici comment faire. Plante une épingle dans l'insecte. Façonne une petite boule de pâte à modeler. Enfonce la tête de l'épingle dans la pâte à modeler. Colle la pâte à modeler sur un petit morceau de carton. Écris-y le nom de l'insecte.

6. Quand tu auras fini de manipuler les insectes, lave tes mains!

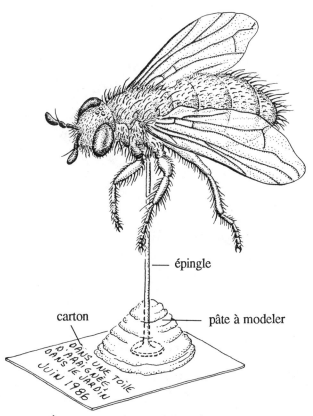

épingle

carton

pâte à modeler

DANS UNE TOILE
D'ARAIGNÉE,
DANS LE JARDIN
JUIN 1986

Étiquette toujours tes insectes!

Le plus long insecte du monde

Peux-tu imaginer un insecte presque deux fois plus long qu'un crayon neuf? Le corps du palophus titan d'Indonésie mesure environ 33 cm de long. Un crayon neuf ne mesure que 19 cm de long!

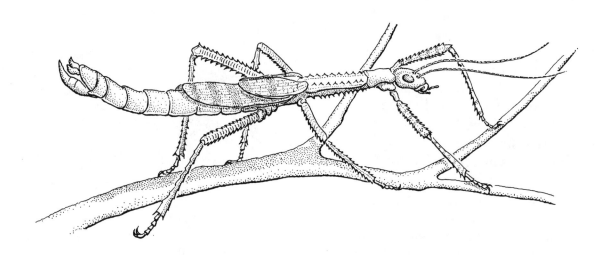

Les championnes du saut en hauteur

Selon toi, quels insectes sautent le plus haut? Non, ce ne sont pas les sauterelles. Compte tenu de leur grandeur, les puces remportent la palme. Eh oui, les puces, ces petites bestioles qui mordent les animaux sur lesquels elles logent: les chats, les chiens, etc. Une puce peut sauter à une hauteur de 20 cm. Cela ne te semble peut-être pas très haut. Mais une puce ne mesure qu'environ 2 mm. Elle peut donc sauter 100 fois sa grandeur. Si une personne pouvait sauter aussi haut, elle atteindrait en un bond la hauteur d'un édifice de 40 étages!

Les métamorphoses des insectes

As-tu déjà entendu dire que les chats avaient neuf vies? Bien entendu, ce n'est pas exact. Cette expression vient du fait que les chats semblent parfois survivre à des chutes ou à des accidents qui auraient été fatals à d'autres animaux. Toutefois, on peut dire sans se tromper que la vie des mammifères se divise en *deux* stades. (Les mammifères sont les animaux qui donnent naissance à des petits vivants — plutôt que de pondre des œufs — et qui les allaitent. Les chats sont des mammifères, et les humains en sont aussi.)

Pendant la première partie de ta vie, tu flottais dans un liquide dans le ventre de ta mère, mais tu ne t'es pas noyé. Quand tu es né, tu étais assez développé pour vivre à l'extérieur du corps de ta mère et pour respirer. Ta «deuxième vie» a alors commencé.

La plupart des insectes subissent plus de changements que nous. Ces changements s'appellent des *métamorphoses*. Leur vie comprend *quatre* stades. L'apparence d'un insecte peut varier tellement d'un stade à l'autre qu'on a peine à croire qu'il s'agit chaque fois du même.

Presque tous les insectes commencent leur vie sous forme d'œufs pondus par les femelles. Elles peuvent en pondre des centaines à la fois. Selon toi, qu'est-ce qui éclot de ces œufs? Contrairement à ce que tu pourrais penser, ce ne sont pas des bébés insectes, mais des *larves*. Les larves ressemblent à de petits vers.

Les larves sont si différentes des insectes adultes qu'on leur donne souvent des noms particuliers. Ainsi, les asticots que tu peux voir sur les animaux morts ou dans la viande pourrie sont les larves des mouches. Les *chenilles* poilues sont les larves des papillons.

Les larves n'ont qu'une seule chose à faire: manger, manger et encore manger. Évidemment, elles grossissent très rapidement. Mais comment font-elles puisque leur squelette est à l'extérieur? Leur peau se fend, et la larve en

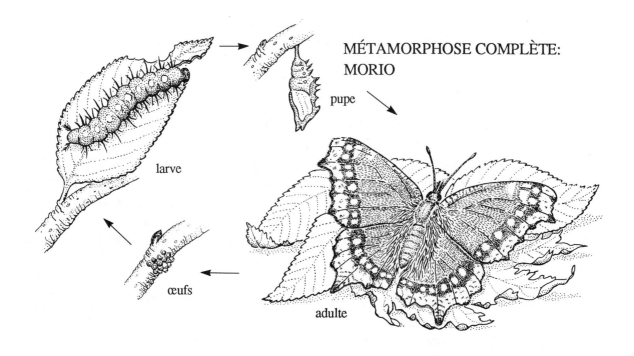

**MÉTAMORPHOSE COMPLÈTE:
MORIO**

larve

pupe

œufs

adulte

sort. En quelques heures, l'extérieur de la larve durcit et forme un nouvel exosquelette plus grand que le précédent. Cela se produit plusieurs fois pendant la croissance des larves.

Au stade suivant, la larve devient une *pupe*. Ce terme vient du mot latin *pupa,* qui signifie «poupée». Et les pupes ressemblent effectivement à de petites poupées emmitouflées dans des couvertures. Certaines larves, celle du papillon de nuit, par exemple, s'enveloppent dans des cocons de soie.

À l'intérieur de son cocon, la larve se décompose. Puis, curieusement, elle se reconstitue en un insecte adulte. Celui-ci ne ressemble en rien à la larve qui a précédé la pupe. Au bout de quelques jours ou de quelques mois, lorsque la température s'y prête, l'insecte sort du cocon. Il commence alors sa quatrième et dernière vie.

Quelques insectes, dont les criquets et les libellules, ne traversent pas tous ces stades. Ils présentent une *métamorphose incomplète*. Quand les jeunes

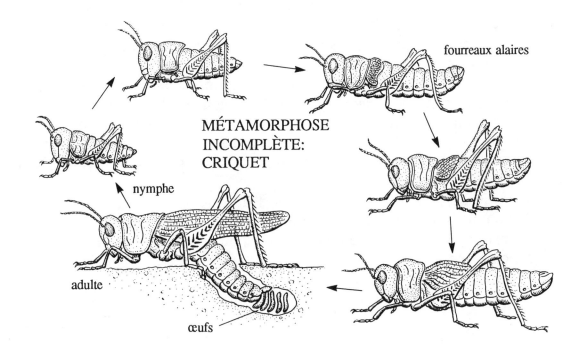

fourreaux alaires

MÉTAMORPHOSE
INCOMPLÈTE:
CRIQUET

nymphe

adulte

œufs

insectes éclosent, ils ressemblent déjà aux adultes; on les appelle *nymphes*. Les nymphes des criquets n'ont pas d'ailes. À mesure qu'elles grandissent et qu'elles se défont de leurs carapaces, leurs ailes apparaissent petit à petit.

Pourquoi les insectes subissent-ils autant de changements? Parce que plusieurs animaux, et même d'autres insectes, s'en nourrissent. Sous forme d'œufs plutôt que de bébés, ils peuvent naître en grand nombre. Ainsi, même si plusieurs sont dévorés avant d'avoir atteint l'âge adulte, certains survivent.

Souvent, les larves et les nymphes ne mangent pas la même chose que leurs parents. Les nymphes des libellules ont des branchies et peuvent respirer sous l'eau. C'est là qu'elles trouvent leur nourriture. Les libellules adultes, quant à elles, vivent à l'air libre et capturent d'autres insectes ailés. Ainsi, les parents et les jeunes n'ont pas à se disputer la nourriture, même s'ils vivent près les uns des autres.

Au cours des différentes étapes de leur vie, les insectes se *spécialisent*. Les larves ne se déplacent pas beaucoup: elles se contentent de manger. Quand le temps se refroidit et que la nourriture se fait rare, elles deviennent des pupes. Les pupes n'ont pas besoin de manger, comme bien des insectes adultes, d'ailleurs. À l'état de larves, elles ont emmagasiné assez de nourriture dans leur corps.

Plusieurs insectes adultes sont pourvus d'ailes. Ainsi, ils peuvent voler et partir à la rencontre d'un compagnon ou d'une compagne. Les femelles peuvent ensuite chercher le meilleur endroit pour pondre leurs œufs. Alors, le cycle recommence.

Meunier, tu dors

Les «vers de la farine» ne sont pas des vers, mais bien les larves d'un petit coléoptère noir, le ténébrion meunier. Dans les magasins d'animaux, on les vend comme nourriture pour les grenouilles et les serpents. Mais si tu les nourris eux, tu pourras observer le cycle complet de la vie d'un insecte.

Matériel

Deux ou trois douzaines de larves de ténébrion meunier (tu peux parfois en trouver dans la farine qui est restée trop longtemps inutilisée; tu peux aussi t'en procurer dans un magasin d'animaux)

Un récipient rectangulaire fait de plastique souple, muni d'un couvercle, destiné à ranger des aliments

Une pièce de moustiquaire

Du ruban gommé opaque

Des ciseaux

Des flocons d'avoine

Une pomme ou une pomme de terre tranchée

Des pièces de jute ou d'un autre tissu lâche, taillées aux dimensions du récipient

Marche à suivre

1. ⊗ Fais cinq ou six trous dans le couvercle du récipient de façon que les larves puissent respirer.

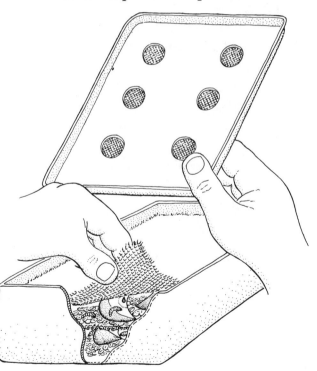

2. ⊗ Découpe des petits morceaux de moustiquaire pour couvrir les trous. Fixe-les à l'aide de ruban gommé.

3. Mets environ 1 cm d'épaisseur de flocons d'avoine dans le récipient. Mets ensuite deux minces tranches de pomme de terre ou de pomme dans l'avoine. Puis mets environ une douzaine de larves dans le récipient. Ensuite, couvre-les d'une pièce de jute. Recommence du début jusqu'à ce que le récipient soit plein ou jusqu'à ce qu'il ne te reste plus de larves.

4. Mets le couvercle. Garde le récipient à la température de la pièce. Au bout de quelques jours, les larves que tu as mises dans le récipient deviendront des pupes. Au bout de deux semaines, les ténébrions meuniers adultes apparaîtront. D'où proviendront-ils? Les ténébrions meuniers adultes pondront des œufs entre les épaisseurs de jute. Selon toi, qu'est-ce qui sortira des œufs?

5. Tu peux garder cet élevage de ténébrions meuniers pendant environ un mois. Ensuite, il te faudra nettoyer le récipient et y remettre de la nourriture fraîche.

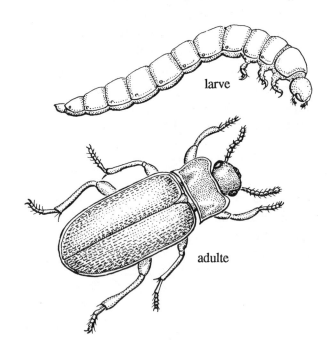

larve

adulte

MÉTAMORPHOSES D'UN
TÉNÉBRION MEUNIER

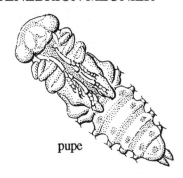

pupe

Si...

Supposons que deux mouches domestiques s'accouplent en avril. La femelle pond des œufs. Supposons que tous les œufs éclosent. Supposons que toutes les larves survivent et deviennent des mouches adultes qui, à leur tour, s'accouplent et pondent des œufs. Supposons que le cycle se poursuit pendant tout l'été. Alors combien de mouches le couple du début aurait-il produites? Pas moins de 190 000 000 000 000 000 000! La terre entière serait recouverte d'une épaisseur de 14 m de mouches!

Évidemment, cette supposition ne peut pas se réaliser. Partout dans le monde, on s'affaire à écraser ou à empoisonner les mouches. De plus, les oiseaux et d'autres animaux les mangent. Ainsi, des millions et des millions de mouches sont tuées. Tu vois maintenant pourquoi on a toujours considéré les mouches comme des pensionnaires indésirables.

Histoire d'horreur chez les insectes

Quand la femelle de la guêpe des chemins a façonné un nid de boue pour ses œufs, elle part en chasse d'une araignée bien grasse et bien juteuse. La guêpe la paralyse par sa piqûre, puis la traîne jusqu'au nid. L'araignée vit encore, mais elle ne peut pas bouger. La guêpe scelle le nid, laisse ses œufs et l'araignée à l'intérieur, et elle s'en va. Quand les larves éclosent, un repas les attend. Pour que l'araignée reste en vie le plus longtemps possible, les larves commencent d'abord par en manger les parties les moins importantes. Elles gardent ses organes vitaux pour la fin. Pouah! Cela te semble bien cruel, n'est-ce pas? Mais la plupart des insectes, de même que les araignées, n'ont pas le choix; ils doivent tuer d'autres créatures pour survivre. Et les guêpes des chemins n'ont pas de réfrigérateur. C'est leur seule façon de donner de la viande fraîche à leurs larves.

L'histoire d'un insecte

Comment penses-tu qu'une chenille se sent lorsque sa peau est devenue trop serrée? A-t-elle des démangeaisons qui la rendent nerveuse? Selon toi, comment un papillon réagit-il lorsqu'il s'aperçoit qu'il peut voler? Crée une histoire ou une bande dessinée racontant les quatre «vies» d'un insecte. Quelles sont ses aventures et ses mésaventures? Quel stade préfère-t-il? Pourquoi?

Les moyens de défense des insectes

T'arrive-t-il d'observer des chauves-souris qui voltigent dans l'air du soir? Elles attrapent des insectes. Vois-tu parfois des poissons sauter hors de l'eau? Eux aussi, ils chassent les insectes. Plusieurs animaux ne se nourrissent que d'insectes. C'est pourquoi ceux-ci ont trouvé des moyens de se protéger. En voici quelques-uns.

Les insectes sont munis d'une armure, leur carapace, mais aussi d'armes. Certaines chenilles sont couvertes d'une belle fourrure, mais les poils de cette fourrure sont en fait des aiguilles à la pointe empoisonnée. Alors, sois prudent lorsque tu touches à une chenille. Les lucanes cerfs-volants, eux, possèdent des mâchoires géantes avec lesquelles ils repoussent leurs agresseurs. D'autre part, nous savons tous que la piqûre des abeilles, des guêpes et des frelons peut être très douloureuse. Mais rappelle-toi que ces insectes piquent seulement lorsqu'ils sont menacés. La meilleure façon d'éviter les problèmes est sans doute de s'éloigner rapidement. D'ailleurs, c'est exactement ce que font les criquets grâce à la force de leurs pattes.

Mais revenons aux chauves-souris. Elles émettent des petits cris très aigus. L'écho de ces cris se répercute sur un insecte et revient à la chauve-souris, qui peut alors l'attraper. (C'est ainsi que les sous-marins et les baleines détectent les objets qui sont devant eux.) Certains papillons de nuit ont appris à se prémunir du danger. Lorsqu'ils entendent les cris de la chauve-souris, ils plongent soudainement. Puis ils se mettent à voleter dans tous les sens, ce qui les rend difficiles à attraper. Plusieurs réussissent à s'échapper!

Il y a longtemps que les insectes ont découvert les armes chimiques. Ainsi, le corps du bombardier renferme une cavité spéciale. Quand un ennemi l'attaque, le bombardier se retourne, et des produits chimiques se mélangent dans sa cavité. Une réaction chimique fait monter la température jusqu'à ce que la cavité explose en projetant des sucs brûlants et irritants. Imagine le choc d'une souris ou d'un oiseau qui essaie de s'attaquer à un bombardier!

As-tu déjà touché à une punaise? Elle a la forme d'un bouclier. Si, après coup, tu sens tes doigts, pouah! La punaise sécrète une odeur affreuse, propre à décourager quiconque lui voudrait du mal.

Les asclépiades sont des plantes vénéneuses pour la plupart des êtres vivants. Mais les chenilles du monarque mangent des feuilles d'asclépiade et emmagasinent les substances toxiques dans leur corps. Si un oiseau ignorant aperçoit la chenille ou le papillon aux couleurs vives et le gobe, il sera bientôt très malade. Les oiseaux apprennent à leurs dépens à laisser les monarques tranquilles. Il est intéressant de noter que le monarque a un sosie, le vice-roi. Lui ne se nourrit pas d'asclépiade, et il pourrait fort bien être mangé. Mais, forts de l'expérience qu'ils ont acquise avec les monarques, les oiseaux évitent aussi les vice-rois. Ainsi, grâce aux monarques, ils ont la vie sauve.

D'autres insectes se défendent en se confondant avec le décor: c'est le *camouflage*. Les chenilles des géométridés sont de ceux-là. Leur corps ressemble à un bâtonnet et leurs pattes à des brindilles. Elles sont très difficiles à voir. Plusieurs insectes ressemblent à des feuilles. Par exemple, la phyllie prend l'apparence d'une feuille vert clair parcourue de nervures. Le papillon-feuille indien, lui, a l'air d'une feuille morte. Enfin, une grosse corne est plantée sur le dos du centrote cornu, si bien qu'il peut être confondu avec une épine.

Voilà autant de moyens ingénieux grâce auxquels les insectes réussissent à échapper à leurs ennemis!

Cache-cache

Les insectes se cachent de leurs ennemis en se rendant invisibles à leurs yeux. Ils peuvent, par exemple, prendre la couleur de leur feuille ou de leur écorce préférée. Cela s'appelle du *camouflage*. Est-ce vraiment efficace? Fais cette activité avec un camarade et tu verras.

Matériel

Une surface de gazon
Un ruban à mesurer
Une pelote de corde
Des bâtonnets
Des cure-dents de couleurs variées
    (quatre ou cinq couleurs)
Une montre

Marche à suivre

1. Mesure un rectangle de gazon d'environ 2 m sur 1 m. Plante un bâtonnet à chaque coin et plantes-en un ou deux le long des côtés. Tends de la corde entre les bâtonnets pour délimiter la surface.

2. Compte 20 cure-dents de chaque couleur. Assure-toi qu'il y a des cure-dents non colorés, des verts et des rouges. Demande à ton camarade de planter les cure-dents ici et là dans le gazon.

3. Pendant que ton camarade compte 10 secondes, ramasse le plus de cure-dents rouges possible. Combien en as-tu ramassés? Puis vois combien tu peux ramasser de cure-dents verts. Recommence avec toutes les couleurs. Tu peux dresser un tableau semblable à celui de la page 30 pour noter tes résultats.
C'est ensuite à ton tour de planter les cure-dents et à celui de ton camarade de les ramasser.

4. Quels cure-dents ont été les plus difficiles à trouver? Lesquels ont été les plus faciles? Qu'est-ce que cela t'indique sur la façon dont les insectes se cachent de leurs ennemis?

	1 à 5 cure-dents	6 à 10 cure-dents	11 à 15 cure-dents	16 à 20 cure-dents
Rouge				
Vert				
Jaune				
Rose				
Blanc				
Couleur naturelle				

Le sosie de l'abeille

Les éristales tenaces n'ont qu'un moyen de défense: elles ressemblent aux abeilles comme deux gouttes d'eau. Comme les abeilles, les éristales tenaces butinent les fleurs pour en boire le nectar; comme les abeilles également, elles sont rayées jaune et noir. Les oiseaux ne s'y attaquent pas de peur d'être piqués. Cette ressemblance a engendré une étrange croyance. Les savants grecs et romains de l'Antiquité pensaient que si on laissait pourrir le cadavre d'un animal, il produirait des abeilles. Cette notion a eu cours jusqu'au XVIIe siècle. Il est fort probable que les gens voyaient plutôt des éristales tenaces sur les cadavres d'animaux. En effet, comme les autres mouches, elles pondent leurs œufs sur les matières en décomposition. Les gens ont donc attendu pour rien que ces «abeilles» leur donnent du miel!

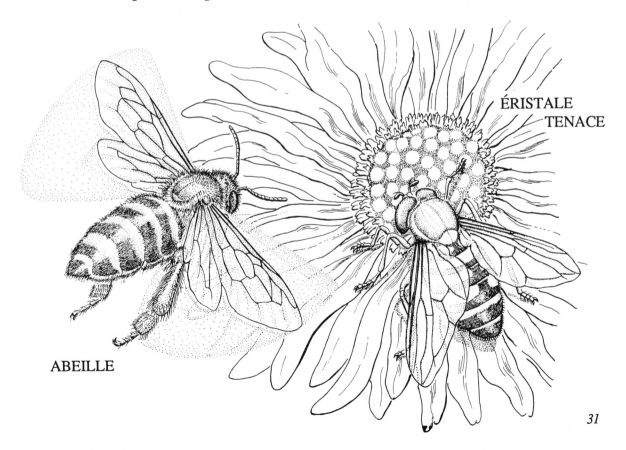

ÉRISTALE TENACE

ABEILLE

Papillons et pollution

Il y a environ 150 ans, des phalènes du bouleau vivaient dans la campagne anglaise. Ils avaient des ailes blanches parsemées de taches noires. Lorsque ces papillons se posaient sur des troncs d'arbres pâles, les oiseaux affamés ne pouvaient plus les voir. Une fois de temps en temps, un papillon plus foncé naissait. Mais comme il ne pouvait se dissimuler contre l'écorce pâle, un oiseau l'apercevait et le mangeait.

Puis on a construit plusieurs usines dans la région où vivaient les phalènes du bouleau. Ces usines remplissaient l'air de fumée noire. La suie assombrit les troncs d'arbres. Les papillons blancs devinrent visibles, et les oiseaux ne se firent pas prier pour les gober. Mais certains papillons foncés, qui pouvaient se cacher, survécurent et se reproduisirent. Aujourd'hui, la grande majorité des phalènes du bouleau sont brun foncé. On appelle *adaptation* ces changements graduels dans l'apparence d'une espèce d'animal.

Les sens des insectes

Je n'ai pas de nez, mais je peux sentir.
Je n'ai pas de voix, mais je peux chanter.
Mes genoux me servent à entendre.
Qui suis-je?

La réponse de cette devinette est *un insecte*. Comme toi, un insecte a grand besoin de ses sens. Mais ses yeux, ses oreilles et ses autres organes sensitifs sont bien différents des tiens.

Avant de traverser une rue, tu dois tourner la tête pour regarder des deux côtés. Une mouche, elle, peut voir dans toutes les directions à la fois, grâce à ses gros yeux proéminents. Si tu as déjà tenté d'attraper ou d'écraser une mouche, tu as pu constater que sa vue la protégeait efficacement du danger. Les libellules, qui chassent d'autres insectes en volant, ont elles aussi de très grands yeux et une vue perçante.

Les yeux des insectes ne ressemblent en rien aux nôtres. Ce sont des *yeux composés*. Ils sont constitués de centaines et même de milliers de petits yeux à six côtés. Il nous est presque impossible d'imaginer comment les insectes voient le monde. (À la page 34, tu trouveras l'illustration d'un œil composé; comme il y manque une section, tu peux voir comment il est fait.)

La parole est très importante pour les êtres humains. C'est leur principal moyen d'échanger des informations et des idées. Les insectes aussi ont besoin de communiquer. Pour émettre des sons, ils n'ont pas de cordes vocales. Mais certains insectes peuvent faire beaucoup de bruit en se servant d'autres parties de leur corps. Les grillons produisent leur chant joyeux en frottant leurs ailes rigides l'une contre l'autre. Les criquets émettent un bruit de scie en frottant leurs pattes contre leur abdomen ou leurs ailes. En faisant vibrer des membranes situées sur leur thorax, les cigales produisent un bruit intense. Tous les insectes musiciens sont des mâles. Leurs chansons veulent dire: «Me voici! Je cherche une compagne!» Si les mâles sont patients, les femelles les trouveront.

Les insectes entendent les chants de leurs compagnons. Mais leurs «oreilles» ne sont pas situées à l'endroit habituel. Les grillons et certaines espèces de criquets captent les sons à travers des trous situés sur leurs pattes antérieures. Les oreilles des cigales se trouvent sur leur abdomen!

ŒIL COMPOSÉ ET ANTENNES

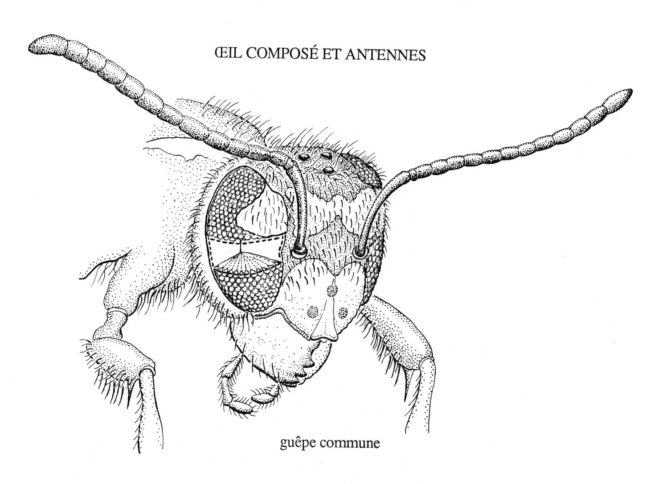

guêpe commune

En émettant et en percevant des sons, certains insectes parviennent à se rencontrer et à s'accoupler. Mais comment font les autres? Pour bien des espèces d'insectes, la vue n'est pas d'une grande utilité. Pense à la grosseur des insectes et tu comprendras pourquoi. Pour eux, quelques brins d'herbe représentent une forêt. De plus, ils sont souvent de la même couleur que l'herbe. Enfin, plusieurs insectes ne vivent que la nuit. Dans ces conditions, il est bien difficile d'apercevoir un compagnon ou une compagne!

Les insectes ont résolu ce problème en utilisant leur odorat. Ils sécrètent des substances chimiques appelées *phéromones*, qu'ils sont les seuls à pouvoir sentir. Un papillon de nuit mâle peut trouver une femelle à *des kilomètres* de distance, juste en flairant son odeur. Les insectes perçoivent les odeurs à l'aide de deux organes situés sur leur tête: les *antennes*. Elles sont tantôt plumeuses, tantôt entortillées comme un fil de téléphone, tantôt coniques. Toutes sont très importantes pour l'insecte, car elles lui permettent de sentir, de goûter et de toucher.

La plupart des insectes vivent seuls, sauf pendant la saison des amours. Quelques-uns, comme les fourmis et les termites, vivent en groupes nombreux. À l'intérieur de leur nid, il fait trop noir pour y voir quelque chose. De toute façon, certaines fourmis et certains termites sont aveugles. Ils se servent donc de leurs antennes pour se suivre à la queue-leu-leu sur la piste de la nourriture, pour distinguer les amis des ennemis et pour s'avertir du danger. Si tu perdais ton sens de l'odorat, tu n'aurais plus autant de plaisir à manger, mais ta vie quotidienne resterait la même. Privé de son odorat, un insecte, lui, est condamné à mort.

À l'écoute d'un insecte

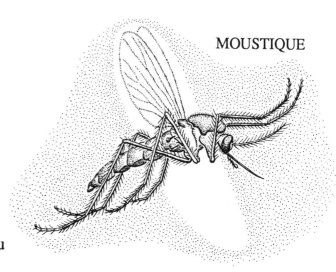

MOUSTIQUE

Matériel

Un verre de papier
Un morceau de papier ciré
Un élastique
Un insecte volant

Marche à suivre

1. Capture un insecte volant à l'aide du verre de papier. Voici la façon la plus facile de procéder. Choisis un insecte posé sur une surface plane, sur une fenêtre, par exemple. Abaisse rapidement le verre sur l'insecte de façon à l'emprisonner entre le verre et la fenêtre.
2. Glisse le morceau de papier ciré entre la fenêtre et le bord du verre. Retourne le verre en tenant toujours le papier contre le bord pour empêcher l'insecte de s'échapper.
3. Fixe le morceau de papier ciré au verre avec l'élastique.
4. Approche le verre de ton oreille et écoute. Tu entends l'insecte bourdonner très fort. Tu peux même entendre le bruit de ses pas, car le son est *amplifié* (rend'ı plus fort) par le verre et le papier ciré. C'est de cette façon qu'un tambour résonne quand tu le frappes.
5. Libère l'insecte après l'avoir écouté.

ACTIVITÉ

Le grillon météorologue

Pour connaître la température d'une nuit d'été, écoute le grillon.

Matériel

Une montre
Un crayon et du papier
Un thermomètre pour l'extérieur

Marche à suivre

1. Le chant du grillon est la musique de fond des nuits de fin d'été. Essaie de compter le nombre de stridulations que tu entends en 15 secondes. Il n'est pas toujours facile de déterminer quand une stridulation finit et quand une autre commence. Exerce-toi un peu.

2. Note le nombre de stridulations que tu entends en 15 secondes. Divise ce nombre par 2. Additionne 6. Le résultat de ces opérations représente la température en degrés Celsius. (Ton résultat devrait être à un ou deux degrés près de la température réelle. Vérifie avec le thermomètre.)

Supposons, par exemple, que tu as entendu 36 stridulations en 15 secondes.

$$36 \div 2 = 18$$
$$18 + 6 = 24$$

La température est d'environ 24°C.

Insectes noctambules

Voici un moyen facile d'observer des insectes qui ne sortent qu'au coucher du soleil.

Matériel

Un drap blanc
Une lampe forte (Ce peut être une lampe de poche à haut rendement ou une lampe sur pied munie d'un fil d'extension. Tu dois pouvoir diriger sa lumière*.)

Marche à suivre

1. Étends le drap blanc à l'extérieur, sur une corde à linge, par exemple.
2. Attends la noirceur. Place la lampe à environ 1 m de distance du drap, de façon que sa lumière s'y reflète.
3. Au bout d'environ une heure (ou peut-être moins), tu devrais trouver un bel assortiment d'insectes sur le drap. Ils ont été attirés par la lumière. Tu auras probablement des papillons de nuit, des coléoptères et des mouches. Si tu veux, captures-en quelques-uns pour les observer. Sépare les espèces d'insectes. Si tu les mettais tous dans le même bocal, ils pourraient s'entredévorer!
4. Essaie d'identifier tes prises. Ne les garde pas trop longtemps: libère-les le lendemain soir.

*Les insectes sont encore plus attirés par une lumière que nous ne pouvons pas voir: la lumière *ultraviolette*. Les néons fluorescents en produisent beaucoup. Si tu peux t'en procurer un à la place d'une lampe ordinaire, tu attireras beaucoup *plus* d'insectes.

Lumières d'une nuit d'été

Dans le sud du Canada et aux États-Unis, les lampyres déploient leur spectacle de magie pendant les nuits d'été. Les lampyres, que l'on appelle souvent lucioles, sont des coléoptères. La nuit, le dernier segment de leur abdomen lance des éclats verdâtres. Cette lumière n'émet presque pas de chaleur, contrairement à toutes les sources de lumière inventées par les humains. (Une ampoule électrique devient vite trop chaude pour qu'on puisse y toucher.) Certaines femelles n'ont pas d'ailes; on les appelle vers luisants. Plutôt que de clignoter, elles produisent une lueur constante. Grâce à ces appels lumineux, les mâles et les femelles peuvent se trouver. Par la même occasion, ils embellissent la nuit. Quelle chance pour nous!

LAMPYRE

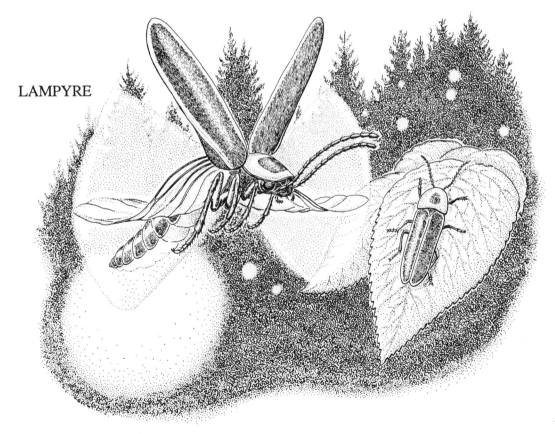

Quel vacarme!

As-tu déjà croisé sur la rue un ouvrier qui actionnait un marteau-piqueur? Le bruit t'a-t-il forcé à te boucher les oreilles? Ensemble, plusieurs cigales mâles peuvent faire autant de bruit qu'un marteau-piqueur. La cigale produit une stridulation intense en faisant vibrer comme des tambours des organes situés de part et d'autre de son thorax. On peut entendre le chant d'une cigale mâle (les femelles ne chantent pas) à environ 0,5 km de distance. Y a-t-il, dans la nature, quelque chose qui peut faire taire ces insectes bruyants? Oui, la guêpe fouisseuse, une guêpe qui les pourchasse. Si une guêpe fouisseuse s'approche d'un groupe de cigales, ces dernières se taisent instantanément.

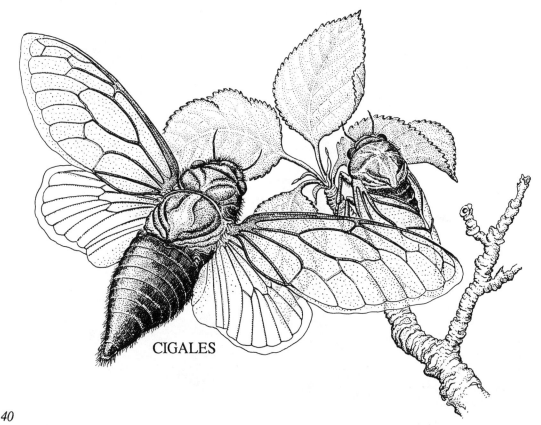

CIGALES

Amis ou ennemis?

Tu peux sans doute identifier avec assez de précision les personnes que tu aimes et celles que tu n'aimes pas. Généralement, les gens savent qui sont leurs vrais amis. Cependant, leur jugement est souvent beaucoup moins bon lorsqu'il s'agit des animaux. Pour certaines personnes, tous les insectes sont des ennemis. «Pouah!, s'écrient-elles, affreuses petites bestioles!» Et pan! l'insecte est vite écrasé. En réalité, la plupart des insectes sont inoffensifs pour les êtres humains. Ils demandent simplement à vivre tranquillement leur vie. Ils ne méritent pas d'être tués juste parce que le hasard les a mis en travers de notre chemin.

As-tu déjà pensé à ce que serait le monde sans les insectes? Nous serions privés de beaucoup de choses agréables. Il n'y aurait plus de papillons colorés ni de grillons joyeux par les soirs d'été. De plus, bien des oiseaux, des poissons et d'autres animaux mourraient parce qu'ils n'auraient plus rien à manger. La plupart des plantes à fleurs disparaîtraient, faute de pouvoir disperser leur pollen. Comme plusieurs de nos fruits et de nos légumes proviennent de ces plantes, la famine nous guetterait nous aussi.

Sans les abeilles, nous ne pourrions plus déguster de miel. Sans les chenilles, nous ne pourrions plus tisser de soie. En revanche, nous serions bientôt envahis par des choses *désagréables*. Ainsi, le sol serait jonché d'excréments d'animaux, car les bousiers ne seraient plus là pour nous en débarrasser. Il y aurait aussi des cadavres d'animaux partout, car les mouches, les nécrophores fossoyeurs et d'autres insectes se nourrissent de viande en décomposition ou encore y pondent leurs œufs.

Il est vrai que certains insectes ont causé beaucoup de tort aux humains. Au cours des siècles, des millions et des millions de personnes sont mortes du paludisme. Cette maladie, comme bien d'autres aussi graves, est transmise par les moustiques. En Afrique, la morsure de la mouche tsé-tsé provoque la maladie du sommeil. La puce du rat, elle, transmet la peste bubonique.

La mouche domestique peut être l'agent de transmission le plus redoutable. Toutes sortes de microbes se collent à ses poils et à ses pelotes adhésives lorsqu'elle se pose sur du fumier ou de la viande pourrie. Elle peut ensuite transporter ces microbes jusque dans les maisons. Dans certains pays, les gens n'ont ni toilettes ni réfrigérateurs; ils n'ont pas non plus de moyens d'empêcher les mouches d'entrer dans leur maison. Dans ces régions, les mouches peuvent propager toute une variété de maladies terribles, dont le choléra, la typhoïde et la diphtérie.

D'autres insectes s'attaquent aux récoltes. Les fermiers des prairies du Canada et des États-Unis craignent toujours qu'un vol de sauterelles vienne détruire leurs récoltes de céréales. Presque toutes les plantes que nous tentons de cultiver sont convoitées par un insecte qui s'en nourrit. C'est ainsi que des grandes famines causées par des invasions d'insectes ont décimé des milliers de personnes.

Bien sûr, on combat les insectes. On assèche les marais où croissent les moustiques. On cherche des médicaments pour soigner les maladies qu'ils causent. Quelquefois, on répand des insecticides. Mais ce moyen est temporaire, car il ne réussit pas à éliminer complètement les insectes. En effet, ils se reproduisent généralement en très grand nombre. Il suffit que quelques insectes un peu plus forts que les autres résistent au poison. Au bout de quelque temps, ces survivants se mettent à pondre des œufs. Cette fois, une grande partie des nouveaux insectes éclos sont forts, et ils résistent au poison.

Dans l'intervalle, les animaux qui mangent des insectes peuvent être empoisonnés eux aussi. De plus, il est difficile de répandre du poison sur les insectes en évitant les plantes; celles-ci peuvent donc être contaminées. De même, le poison pénètre dans le sol, dans les lacs et dans les rivières. Comme les gens mangent des plantes et des animaux et qu'ils boivent de l'eau, le poison les atteint eux aussi.

C'est pourquoi les scientifiques continuent à chercher d'autres moyens de tuer les insectes nuisibles. Nous savons que presque tous les insectes sont mangés par d'autres insectes. La meilleure façon de se débarrasser d'un insecte nuisible est parfois de l'exposer à son pire ennemi. Il y a environ 100 ans, par exemple, les orangers de la Californie étaient détruits par de petits insectes appelés cochenilles. On importa alors des coccinelles d'Australie pour qu'elles les dévorent. En peu de temps, les coccinelles vinrent à bout des cochenilles, et la récolte d'oranges de la Californie fut sauvée.

Maintenant, comprends-tu mieux pourquoi on ne doit pas tuer les insectes? Ils ont leur place au soleil tout comme nous. Les plantes et plusieurs autres créatures ont besoin d'eux. Et comme ils servent de nourriture à bien des animaux, à d'autres insectes y compris, la plupart d'entre eux ne nous causent jamais de problèmes.

Une colonie de pucerons

Les pucerons sont des insectes minuscules qui se nourrissent de la sève des plantes. Tu peux les toucher sans danger, car ils ne mordent pas et ne piquent pas. Néanmoins, on les considère comme des ennemis, car ils se reproduisent si vite qu'ils peuvent envahir et détruire les jardins.

Matériel

Une branche couverte de pucerons
Des ciseaux ou un canif

Un bocal de verre à moitié rempli d'eau
Une loupe

Marche à suivre

1. Cherche une branche couverte de pucerons. Ce sont de minuscules insectes ronds et vert pâle. Ils sont plus faciles à repérer au printemps. Tu peux en trouver sur les nouvelles pousses tendres et sur les boutons de fleurs. Ils ont une prédilection pour les rosiers.

2. ⊗ Coupe la branche. (Demande d'abord la permission!) Apporte-la à l'intérieur. Mets-la dans le bocal. (L'eau forcera les pucerons à rester sur la branche.) Assure-toi qu'aucun des pucerons n'est submergé. Au besoin, enlève la branche et enlève de l'eau.

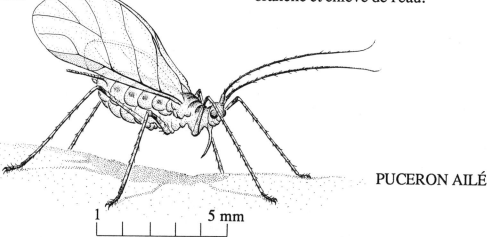

PUCERON AILÉ

1   5 mm

3. Observe les pucerons avec la loupe. Vois-tu leurs pattes? Combien en ont-ils? Vois-tu leur tête? Peux-tu les voir aspirer la sève de la branche? À l'extrémité de leur abdomen, tu peux voir des petites gouttes. Ce liquide s'appelle miellée, et les fourmis en raffolent. Cherche des pucerons plus gros que les autres: ce sont des femelles. Tu en verras peut-être donner naissance à des bébés. (Ce phénomène est très rare chez les insectes; la plupart pondent des œufs.)

4. Note la surface que couvrent les pucerons sur la branche. Laisse passer une nuit et, le lendemain, regarde la branche. Comprends-tu comment de si petits insectes peuvent nuire autant à un jardin?

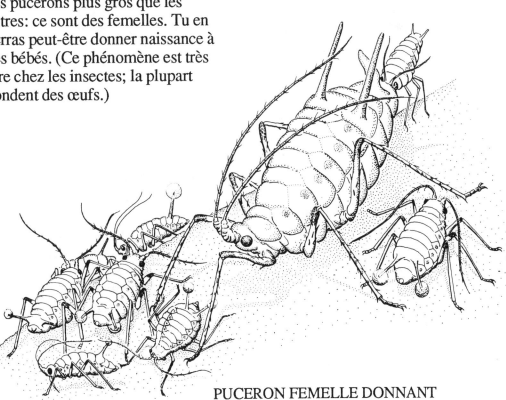

PUCERON FEMELLE DONNANT
NAISSANCE À DES PETITS

La guerre des insectes

Voici le moyen le plus facile de te débarrasser des pucerons qui infestent ton jardin: donne-les en pâture à d'autres insectes!

Matériel

Des pucerons sur une branche
Des insectes qui se nourrissent de
    pucerons, comme des perce-oreilles,
    des coccinelles ou une mante
    religieuse
Une loupe
Du papier journal
Un petit morceau de papier

Marche à suivre

1. Ramasse des insectes *prédateurs*, c'est-à-dire des insectes qui mangent d'autres insectes. Les perce-oreilles et les coccinelles mangent des pucerons. (Vois à la page 11 pour apprendre à capturer ces insectes sans les blesser.) Tu as des chances d'en trouver près des plantes infestées de pucerons.
2. Si tu trouves une mante religieuse, n'en aie pas peur. Il est vrai que ce gros insecte a l'air féroce. Ses pattes antérieures sont robustes et munies de crochets, mais tu ne t'y feras pas mal. Tu peux même prendre la mante religieuse dans tes mains. Prends garde de ne pas l'écraser!
3. Dépose la branche infestée de pucerons sur du papier journal. Mets tes prédateurs sur un petit morceau de papier, que tu placeras le plus près possible des pucerons. Observe ce qui se passe avec ta loupe. Combien faut-il de temps à un prédateur pour trouver un puceron? Comment le mange-t-il? (Certains prédateurs mordent, mais la mante religieuse prend le puceron entre ses pattes antérieures.)

Vois-tu comment on peut utiliser des insectes pour en empêcher d'autres d'envahir un jardin? Certains magasins d'articles de jardinage vendent des œufs de coccinelle ou de mante religieuse aux jardiniers qui ne veulent pas répandre de produits chimiques sur leurs plantes.

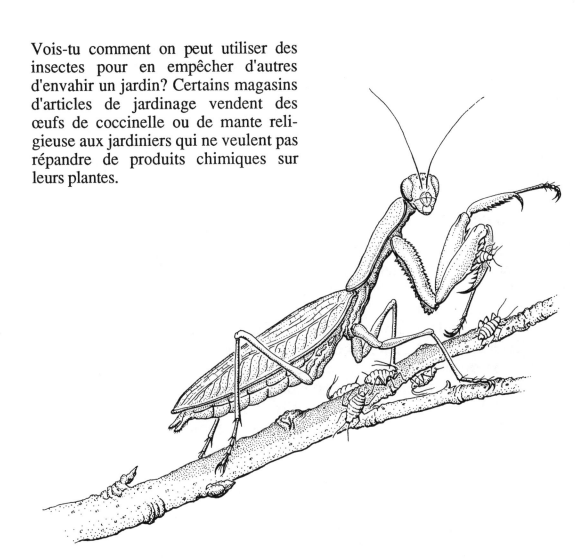

MANTE RELIGIEUSE MANGEANT DES PUCERONS

Les puces de la mort

Au XIVe siècle, partout en Europe, les gens mouraient d'une mystérieuse maladie. Personne n'en connaissait la cause ni le remède. Ce fut l'une des pires épidémies que le monde ait jamais connu. Et c'était un insecte qui la propageait! À cette époque, les maisons étaient infestées de rats. Certains de ces rats étaient porteurs d'une maladie appelée peste bubonique. Les puces de ces rats les mordaient. Puis elles mordaient les humains et les contaminaient. La peste bubonique a décimé un quart de la population de l'Europe, c'est-à-dire environ 25 millions de personnes!

Cocons précieux

La soie, douce et brillante, est sans doute l'un des plus beaux tissus. Tu sais probablement qu'elle provient des vers à soie. Mais sais-tu qu'en réalité ces vers sont des chenilles? Au Japon, on les élève par milliards dans des fermes spécialisées. Après avoir mangé des feuilles de mûrier pendant quelques semaines, les chenilles relèvent la tête. Une mince fibre de soie sort de leur bouche. Elles enroulent cette fibre tout autour de leur corps pour s'en faire un cocon. Si on les laissait faire, ces chenilles se transformeraient en papillons. Mais on déroule plutôt les cocons à l'aide de machines. Ensuite, on entortille les fibres pour former des fils plus épais. Puis, avec d'autres machines, on tisse ces fils. Il faut environ 20 000 cocons pour faire seulement 500 g de soie.

VER À SOIE

Les ordres d'insectes

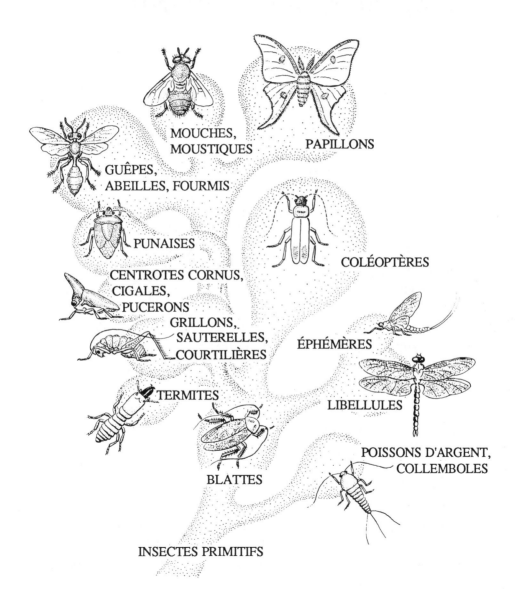

MOUCHES, MOUSTIQUES

PAPILLONS

GUÊPES, ABEILLES, FOURMIS

PUNAISES

COLÉOPTÈRES

CENTROTES CORNUS, CIGALES, PUCERONS

GRILLONS, SAUTERELLES, COURTILIÈRES

ÉPHÉMÈRES

TERMITES

LIBELLULES

BLATTES

POISSONS D'ARGENT, COLLEMBOLES

INSECTES PRIMITIFS

Les papillons, danseurs gracieux

Les papillons sont les plus gracieux des insectes. Ils plaisent même à ceux qui craignent ou dédaignent les autres insectes. Leurs ailes frémissantes et délicates ont l'air aussi fragiles que du papier, mais elles sont en fait assez résistantes. La peau de ces ailes est tendue par des nervures rigides, à la manière d'un cerf-volant de papier tendu par un cadre de bois. Les papillons ont deux ailes de chaque côté. Les ailes antérieures et postérieures s'ajustent si bien qu'elles semblent n'en former qu'une.

Les ailes des papillons sont ornées de couleurs et de motifs variés, qui sont produits par de minuscules écailles superposées. Ces écailles sont si petites et si fragiles qu'elles laissent une fine poudre sur les doigts lorsqu'on y touche. Si on enlevait toutes ces écailles, l'aile d'un papillon serait semblable à une pellicule de cellophane incolore et transparente.

Les papillons ont de gros yeux qui occupent la plus grande partie de leur tête. Ils peuvent voir en même temps dans toutes les directions. Cela leur est fort utile, car ils sont pourchassés par les oiseaux, les grenouilles, les crapauds, les lézards, etc. Les papillons possèdent également deux longues antennes qui leur servent à sentir et à toucher.

La plupart des papillons ont une trompe longue et creuse. Celle du sphinx de la tomate, une espèce de papillon de nuit, mesure 25 cm de longueur. Elle est plus longue qu'une paille et six fois plus longue que le corps de son propriétaire! Pourquoi les papillons ont-ils besoin d'une trompe aussi longue? Parce qu'ils se nourrissent de nectar, le liquide sucré des fleurs. Le nectar se trouve trop creux au centre des fleurs pour que les papillons puissent l'atteindre. Alors ils plongent leur trompe dans les fleurs pour l'aspirer. Lorsque les papillons ne se servent pas de leur trompe, ils l'enroulent bien soigneusement en spirale.

Les papillons commencent leur vie sous forme d'œufs puis de chenilles. En général, les petits des mammifères (la classe d'animaux à laquelle *nous appartenons*) sont des répliques miniatures de leurs parents. Mais les chenilles ne ressemblent en rien aux leurs. Leur corps est long, élastique et flexible. Certaines chenilles sont lisses, d'autres sont bosselées, et d'autres enfin sont poilues ou soyeuses.

La plupart des chenilles sont inoffensives. C'est amusant de sentir le chatouillement de leurs petites pattes collantes. Les chenilles de l'isia isabelle sont particulièrement jolies, avec leur fourrure rayée brun et noir. Tu peux en voir le long des chemins de campagne dans la plupart des régions d'Amérique du Nord. En revanche, ne touche *jamais* à une chenille de l'automéris io, car elle est couverte d'épines au venin irritant. Cette chenille est verte, et des rayures brun-rouge et blanc courent le long de ses côtés.

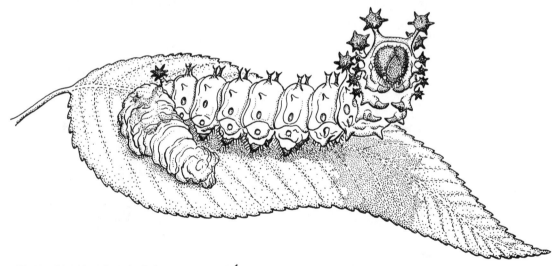

CHENILLE DE LA SATURNIE CÉCROPIA MUANT

Les chenilles ne peuvent que ramper très lentement. Heureusement, elles n'ont pas de longues distances à parcourir. En général, elles éclosent au beau milieu de leur assiette, c'est-à-dire sur leur plante préférée. Elles commencent alors à manger des feuilles. Elles mangent sans arrêt. Comme tu peux t'y attendre, elles grandissent et grossissent très rapidement. Lorsque leur peau devient trop étroite, elles en déchirent le dos. Elles se dégagent de leur vieille peau et continuent de manger. Les chenilles peuvent muer cinq ou six fois avant de passer à l'étape suivante.

On entend souvent dire que les papillons éclosent de *cocons*. Cela n'est pas tout à fait précis. Ce sont les papillons de nuit, ou plutôt leurs chenilles, qui fabriquent des cocons. Plusieurs chenilles de papillons de nuit s'enveloppent dans ces manteaux de soie avant de devenir des pupes.

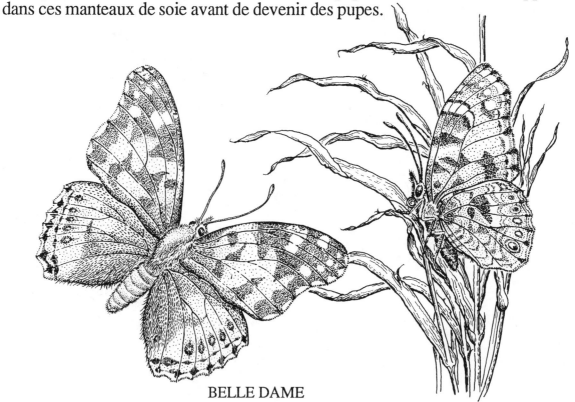

BELLE DAME

Les chenilles des papillons de jour procèdent un peu différemment. Elles s'attachent à une tige avec un peu de soie. Puis elles muent une dernière fois. Leur nouvelle peau durcit et forme une enveloppe appelée *chrysalide*. À l'intérieur des cocons et des chrysalides, une transformation magique se produit. La créature qui sort de ces étuis, des semaines ou des mois plus tard, est un papillon tout froissé. Ses ailes sèchent et se déplient, puis il s'envole vers une nouvelle vie.

Tu sais maintenant que le *stade nymphal* différencie les papillons de jour et les papillons de nuit. Connais-tu d'autres façons de les distinguer? Si tu vois un papillon butiner de fleur en fleur pendant le jour, il s'agit probablement d'un papillon de jour. Les papillons de jour aiment la lumière du soleil. À l'opposé, si tu vois un papillon voleter autour des lumières pendant la soirée, il s'agit sans doute d'un papillon de nuit. La plupart des papillons de nuit volent le soir ou très tôt le matin.

Le corps des papillons de nuit est généralement plus gros et plus velu que celui des papillons de jour. Leurs antennes diffèrent également. Celles des papillons de jour sont longues, fines et terminées par une boule ou par un crochet. Les antennes des papillons de nuit sont généralement plumeuses et larges. Au repos, les ailes des papillons de nuit sont déployées ou étendues contre leur corps. Celles des papillons de jour sont réunies et dressées sur leur dos.

Si tu vis dans l'est du continent, tu peux voir deux des plus gros papillons de nuit d'Amérique du Nord. Le beau papillon lune est vert pâle, et il a une tache en forme d'œil sur chaque aile. D'autre part, la saturnie cécropia est brun gris et très grosse: elle mesure environ 13 cm d'envergure. Il y a aussi beaucoup de beaux papillons de jour. Le gros monarque orange, blanc et noir vit partout en Amérique du Nord. De même, le papillon tigré du Canada aux rayures jaune et noir est très répandu. En tout, il existe environ 10 000 espèces de papillons en Amérique du Nord. Combien peux-tu en reconnaître?

ACTIVITÉ

Une collection de cocons

Matériel

Un canif
Une boîte à chaussures
Un carnet
Un crayon

Marche à suivre

1. Cherche des cocons de papillons de nuit. Tu peux en trouver à l'année longue sur les feuilles, les branches, l'écorce, les arbustes, les poteaux de clôture, les appuis des fenêtres ou encore dans les garages et les remises. Tu peux parfois en trouver sur le sol, parmi les feuilles mortes ou sous les pierres. Si tu es persévérant, tu découvriras sûrement quelques cocons.

2. Tu dois manipuler un cocon très soigneusement afin de ne pas abîmer la pupe qui se trouve à l'intérieur. Transporte-le dans une boîte à chaussures.

3. ⊗ Si tu trouves un cocon attaché à une petite branche d'arbre ou d'arbuste, n'essaie pas de l'arracher. Il vaut mieux couper la tige qui le retient à l'aide d'un canif.

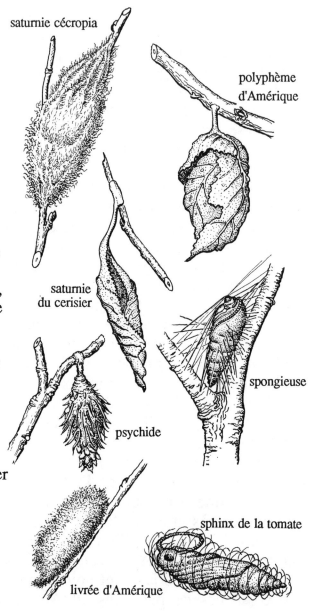

saturnie cécropia

polyphème d'Amérique

saturnie du cerisier

psychide

spongieuse

livrée d'Amérique

sphinx de la tomate

4. Dans ton carnet, note l'endroit et le moment de ta découverte. Plus tard, si tu trouves de quelle espèce de cocon il s'agit, tu pourras le noter également. (Consulte des livres à la bibliothèque pour identifier tes cocons.)

5. Il peut t'arriver de trouver un cocon vide ou un cocon contenant une pupe morte. Voici comment faire pour le savoir:

a) Les cocons vides ou ceux dont la pupe est morte sont plus légers. Une fois que tu auras ramassé quelques cocons, tu seras capable de sentir la différence de masse.

b) Certains cocons sont translucides. Tu peux voir la pupe à l'intérieur.

c) Agite le cocon *très délicatement* près de ton oreille. S'il contient une pupe vivante, tu l'entendras cogner contre la paroi. Si tu entends un crépitement, c'est probablement que le cocon est vide. Le crépitement est produit par la peau sèche que le papillon a laissée derrière lui en sortant du cocon.

d) Si le cocon est vide, tu peux voir l'ouverture par où est passé le papillon. Si le cocon est percé d'un grand trou dentelé, c'est peut-être qu'un oiseau, une souris ou un écureuil a mangé la pupe.

e) Si le cocon est percé de plusieurs petits trous, la pupe ne se transformera probablement pas en papillon. L'ichneumon perce les cocons et pond ses œufs à l'intérieur. Quand les larves de cet insecte éclosent, elles mangent la pupe.

6. Il est toujours intéressant de ramasser et d'observer des cocons. Si tu en trouves un qui contient une pupe vivante, tu peux le garder jusqu'à ce qu'elle en sorte. Vois l'activité de la page 56.

Magie lente

La métamorphose d'un papillon est un tour de magie pour spectateurs patients. Il peut s'écouler des mois avant qu'un papillon ne sorte de son cocon. Mais ce jour-là, quel plaisir!

Matériel

Un bocal de verre de 1 L, à grande
    embouchure
Une petite branche
Une pièce de moustiquaire fin
Un gros élastique
Un cocon contenant une pupe

Marche à suivre

1. Dépose soigneusement le cocon dans le bocal. (Tu auras moins de difficulté si tu utilises un bocal à grande embouchure. De plus, le papillon pourra en sortir sans se blesser.)
2. Mets la petite branche dans le bocal. Le papillon pourra s'y agripper.
3. Mets la pièce de moustiquaire sur le dessus du bocal. Fixe-la avec l'élastique. Cela protège le cocon des souris et des écureuils tout en laissant l'air pénétrer dans le bocal. Plus tard, le moustiquaire empêchera le papillon de s'échapper.
4. Il est préférable de garder le bocal à l'extérieur et *à l'abri*. Un portique ou un balcon non chauffés sont des endroits idéaux. Tu peux aussi mettre le bocal entre une fenêtre et un moustiquaire ou sur le rebord d'une fenêtre abritée. Il peut demeurer à l'extérieur même pendant l'hiver.
5. Quand le papillon sortira-t-il? Probablement au printemps ou pendant l'été. Certains signes t'indiqueront que le papillon est sur le point d'apparaître. La pupe peut commencer à remuer suffisamment pour agiter le cocon. Tu entendras peut-être des grattements à l'intérieur du cocon. Il se peut que l'extrémité par où sortira le papillon devienne humide. Toutefois, beaucoup de cocons ne donnent aucun indice de leur éclosion. La meilleure façon de faire est de vérifier le cocon tous les jours, le matin plus particulièrement. (En effet, plusieurs espèces de papillons de nuit sortent de leur cocon le matin.)

6. Le jour tant attendu est enfin arrivé. Si tu as de la chance, tu verras le papillon sortir. Son apparence te surprendra peut-être, car il sera humide et froissé. Au cours des heures qui suivront, ses ailes se déploieront, et son corps séchera. Finalement, le papillon est prêt à s'envoler. Souhaite-lui bon voyage et libère-le afin qu'il puisse voler de ses nouvelles ailes.

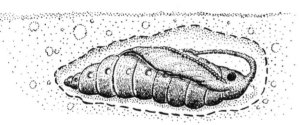

COCON DE SPHINX DE LA TOMATE

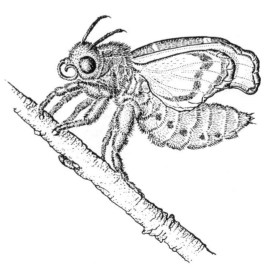

SPHINX DE LA TOMATE
NOUVELLEMENT APPARU
SÉCHANT SES AILES

L'étendue de l'appétit d'une chenille

Quelle quantité de nourriture une chenille affamée peut-elle avaler en une journée? Tu peux le déterminer en utilisant du papier quadrillé.

Matériel

Une chenille
Un bocal muni d'un couvercle moustiquaire, comme celui qui est illustré à la page 81
Une plante que la chenille pourra manger
Deux feuilles de papier quadrillé

Marche à suivre

1. Trouve une chenille et mets-la dans le bocal. Tu dois donner une nourriture appropriée à la chenille. Plusieurs ne mangent qu'une espèce de plante. La plante sur laquelle tu as trouvé ta chenille est fort probablement celle qu'elle aime. Emportes-en une branche à la maison.
2. Dépose la plante sur une feuille de papier quadrillé. Lentement, sans l'abîmer, trace le contour de toutes ses feuilles, comme dans l'illustration.
3. Mets la plante dans le bocal. Place-le dans un endroit calme à l'abri du soleil. Laisse la chenille tranquille pendant une journée, afin qu'elle puisse manger autant qu'elle veut.
4. Compte les carrés qui sont compris dans le contour des feuilles de la plante. Si un carré est compris moins qu'à moitié, ne le compte pas. Si un carré est compris plus qu'à moitié, compte-le comme un carré entier.

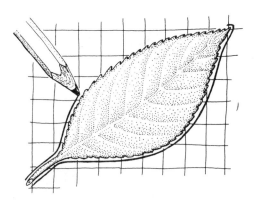

5. Au bout d'une journée, retire la plante du bocal. Ses feuilles seront probablement pleines de trous. Étends *toutes* les feuilles sur la deuxième feuille de papier quadrillé. (Ses carrés doivent être de la même grosseur que ceux de la première feuille.) Trace le contour des feuilles. S'il y a des trous au milieu des feuilles, traces-en le contour aussi.

6. Combien de carrés sont maintenant compris dans le contour des feuilles? Soustrais ce nombre du nombre de carrés du début. La différence représente la consommation de la chenille.

Voici un exemple. Supposons que la feuille de papier utilisée était divisée en carrés de 1 mm de côté. On compte les carrés compris dans les tracés, et on obtient:

surface des feuilles intactes   162 mm^2
surface des feuilles grignotées 111 mm^2

Combien de millimètres carrés de feuilles la chenille a-t-elle mangé en une journée?

162 mm^2 - 111 mm^2 = 51 mm^2

Vois si ta chenille mange autant.

7. Pense à la quantité de laitue que tu peux manger en un repas. Pense à ta grosseur. Pense à celle de la chenille et à la quantité de «laitue» qu'elle a mangée. Es-tu impressionné par son appétit?

8. Remets la chenille là où tu l'as trouvée.

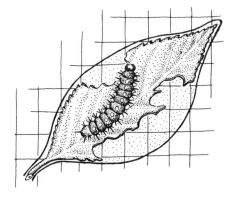

Une larve bien gourmande

Pendant les 48 premières heures de sa vie, la larve du polyphème d'Amérique mange une quantité de nourriture équivalant à 86 000 fois sa masse à la naissance. Elle devient une grosse chenille verte de presque 8 cm de longueur.

Les migrations du monarque

À voir voleter les papillons de fleur en fleur, ils ne nous semblent pas assez résistants pour parcourir de longues distances. Cependant, certains papillons émigrent comme les oiseaux. À tous les mois de septembre, les monarques quittent le Canada et s'en vont passer l'hiver en Floride, au Mexique ou en Californie. Certains d'entre eux franchissent jusqu'à 3000 km pour échapper au froid. Les «enfants» de ces papillons éclosent dans le Sud. Même s'ils n'ont jamais vu le Canada, ils réussissent à s'orienter vers le nord et nous arrivent au mois de mars.

Super papillons

Quand un ornithoptère Reine Alexandra passe, les habitants de la Nouvelle-Guinée ne restent pas indifférents. Avec son envergure de 21 cm (la largeur d'une page de ce livre), c'est le plus gros papillon de jour connu au monde. En Nouvelle-Guinée, également, vit un papillon de nuit encore plus gros, l'hercule, dont l'envergure est de 28 cm. Ces deux géants sont environ *trois fois* plus gros qu'un monarque.

Des coléoptères partout!

La coccinelle est souvent surnommée «bête à bon Dieu». C'est l'une de nos meilleures amies. Ses larves mangent des insectes tels les pucerons, qui endommagent les plantes de nos jardins.

La coccinelle appartient à un ordre d'insectes appelés *coléoptères*. Même en hiver, regarde sous une bûche ou une pierre, et tu as des chances de trouver des coléoptères. Ils vivent dans les mares, les ruisseaux glacés, les déserts et même au sommet des montagnes.

Les espèces de coléoptères, au nombre de 330 000, représentent environ un tiers des espèces d'insectes. Il y a autant d'espèces de coléoptères que d'espèces de plantes! Leurs dimensions, leurs formes et leurs couleurs sont très variées. Personnellement, ce sont les insectes que je préfère.

COCCINELLES

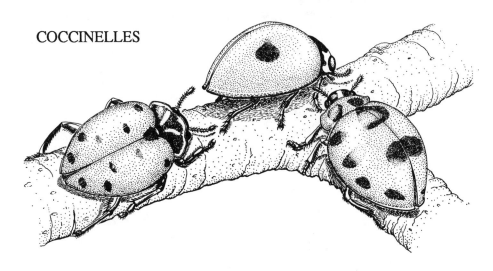

Mais au fait, que sont les coléoptères? Ils ont tous une paire d'ailes dures appelées *élytres*. Elles protègent les ailes membraneuses et fragiles qui servent au vol. Les coléoptères sont microscopiques ou énormes. L'une de leurs caractéristiques les plus frappantes est leur paire d'antennes, qu'ils utilisent pour goûter, sentir et toucher. Observe de près la tête de différents coléoptères, et tu seras étonné par la variété de ces organes.

Plusieurs coléoptères sont fort nuisibles. Ils creusent des galeries dans les arbres et en détruisent le bois. Ils aspirent la sève de plantes comme le cotonnier. En revanche, ils enrayent d'autres insectes nuisibles en les dévorant. De plus, ils débarrassent la nature de beaucoup de ses déchets. Faisons maintenant la connaissance de quelques coléoptères.

Les petites bestioles qui tourbillonnent follement à la surface des étangs sont des tourniquets. Elles nagent si vite qu'il est difficile de bien les distinguer. Quoiqu'elles se déplacent sur l'eau, le dessous de leur corps n'est pas imperméable. Leurs côtés s'abaissent pour reposer sur l'eau et les garder à flots. Si tu mets du détergent dans l'eau pour réduire la tension superficielle, les tourniquets ne peuvent plus flotter et coulent. Lorsqu'ils plongent pour trouver de la nourriture, ils emportent une bulle d'air pour respirer.

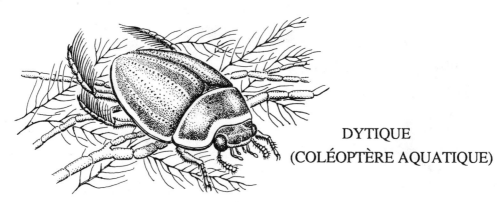

DYTIQUE
(COLÉOPTÈRE AQUATIQUE)

En marchant dans une forêt, tu peux trouver le cadavre d'une souris ou d'un serpent. Si tu retournais au même endroit le lendemain, tu constaterais peut-être qu'il est disparu. Un animal l'aurait-il mangé? Souvent, la carcasse n'est pas loin, mais elle a été enterrée par les nécrophores fossoyeurs! Ces coléoptères sont les éboueurs de la nature. Les mâles et les femelles travaillent en équipe. S'ils ne peuvent creuser le sol autour du cadavre, ils se couchent sur le dos et le déplacent avec leurs pattes. Puis ils creusent des trous et l'enterrent. Ensuite, la femelle pond ses œufs dans le cadavre, afin que les larves aient à manger. Ainsi, les nécrophores fossoyeurs nettoient les forêts pour nous.

Dans l'Antiquité, les Égyptiens adoraient toutes sortes de créatures, dont le scarabée, ou bousier. Parmi les ornements laissés par les Égyptiens, on a trouvé de nombreuses sculptures de ce coléoptère. Comme les nécrophores fossoyeurs, les bousiers font le ménage dans la nature. Certaines espèces font une boule avec les excréments d'animaux (bouse). Puis ils la roulent jusqu'à un endroit choisi, creusent un trou et l'y déposent. Ensuite, ils pondent leurs œufs dans la boule et la recouvrent de terre. Sans les bousiers, les champs seraient couverts d'une couche épaisse et dure d'excréments séchés.

L'un des coléoptères les plus extraordinaires vit dans les régions boisées. Le lucane cerf-volant peut mesurer jusqu'à 60 mm de longueur. Le mâle possède une paire de mâchoires énormes qui lui servent de moyen de défense. S'il est menacé, il lève la tête et ouvre bien grand ses mâchoires. Cela suffit à terrifier plusieurs de ses ennemis!

La tête et le thorax des taupins sont articulés à leur abdomen. Si tu en retournes un sur le dos, tu le verras renverser la tête et sauter. Clic! Le taupin se retourne à l'endroit. Il échappe ainsi au sort réservé aux tortues qui finissent leurs jours sur le dos, incapables de se retourner.

Je pourrais continuer à te parler des coléoptères pendant des pages et des pages. Mais ce bref aperçu te montre pourquoi les amateurs d'insectes s'y intéressent tant.

ACTIVITÉ

Un piège à coléoptères

Les coléoptères sont difficiles à capturer, car ils courent très rapidement. Si tu veux les observer de plus près, voici un moyen d'en attraper.

Matériel

Une boîte de conserve ouverte
Un déplantoir

PIÈGE À COLÉOPTÈRES

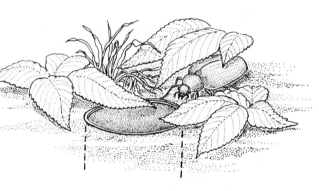

Marche à suivre

1. Dans la terre d'un jardin, creuse un trou pour recevoir la boîte de conserve. Sers-toi du déplantoir. Demande la permission avant de creuser.
2. Mets ta boîte de conserve dans le trou de façon que le bord soit à égalité du sol. Tasse la terre afin qu'il n'y ait pas d'espace autour de la boîte de conserve.
3. Vérifie ton piège soir et matin. As-tu attrapé des coléoptères? Selon toi, chassent-ils pendant le jour ou pendant la nuit?
4. Essaie de poser des pièges à coléoptères à différents endroits: sous les arbres, dans les mauvaises herbes, près d'une pelouse.

(N'oublie jamais de demander la permission *avant* de creuser.) Où as-tu le plus de chances de capturer des coléoptères?

5. Après avoir bien observé tes coléoptères (et fait l'activité de la page 65, si tu veux), libère-les.

Sur la piste d'un coléoptère

Tu as sans doute eu de nombreuses occasions de voir des empreintes d'humains, de chats et de chiens. Mais as-tu déjà vu des empreintes d'insectes? Tu en verras si tu fais l'activité suivante.

Matériel

Un coléoptère
Du colorant alimentaire (tu peux en
    acheter dans une épicerie)
Une petite assiette
Une feuille de papier

EMPREINTES DE COLÉOPTÈRE

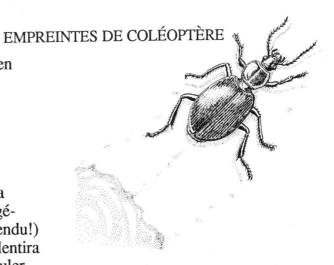

Marche à suivre

1. Capture un coléoptère (vois à la page 64). Mets-le dans le réfrigérateur (dans un bocal, bien entendu!) pendant 10 minutes. Cela le ralentira et le rendra plus facile à manipuler.
2. Mets quelques gouttes de colorant alimentaire dans l'assiette. Ne fais pas une mare qui serait trop profonde pour l'insecte. Il doit marcher dans le colorant et mouiller seulement ses pattes et le bout de son abdomen.
3. Fais marcher le coléoptère dans le colorant puis sur la feuille de papier. Quelle sorte de piste laisse-t-il? Tu verras probablement un motif en zigzag sur la feuille. Le coléoptère marche-t-il sur le bout des pieds?

Au contraire, laisse-t-il une trace allongée sur la feuille?
4. Si tu veux, refais la même activité avec d'autres espèces d'insectes. Laissent-ils tous des traces en zigzag?

Coléoptères géants

Le plus gros insecte du monde est le goliath d'Afrique équatoriale. Ce champion poids lourd a une masse de 100 g et peut mesurer jusqu'à 11 cm de longueur. Il a l'air bien féroce avec son «armure» épaisse et brillante. Cependant, il est inoffensif pour les humains. Les petits Africains lui attachent parfois une corde et le font voler autour d'eux comme un avion miniature! Moins gros, mais tout aussi impressionnant, est l'hercule d'Amérique centrale et des Antilles. Ce coléoptère possède des cornes saillantes qui représentent le quart de sa longueur.

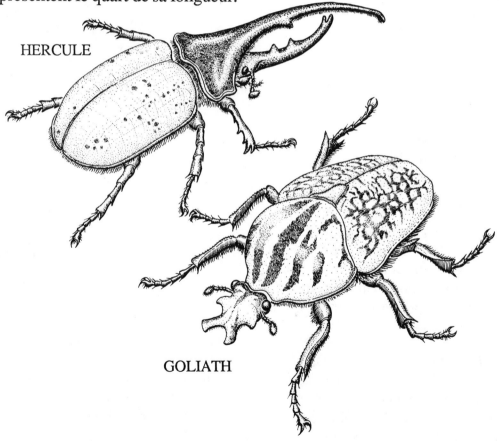

HERCULE

GOLIATH

Les abeilles, meilleures amies des fleurs

La prochaine fois que tu te promèneras dans un jardin de fleurs en t'émerveillant des couleurs et des parfums, pense à ceci. Ce n'est pas pour toi ni pour personne d'autre que les fleurs déploient toutes ces beautés. Avec leurs couleurs vives et leurs parfums, les fleurs font de la publicité auprès des abeilles: «Venez! Nous avons ce qu'il vous faut!»

Les abeilles ne sauraient se passer des fleurs. Et vice versa. Toute la nourriture des abeilles provient des fleurs. Elles en aspirent le nectar (le liquide sucré) avec leur longue trompe. De plus, elles recueillent le pollen, une fine poudre jaune que la fleur produit.

Pour que se forment des graines dont naîtront de nouvelles plantes, le pollen doit être transporté de fleur en fleur. Mais les plantes ne peuvent pas se déplacer. Alors les abeilles se chargent à leur place de la *pollinisation*.

Mais les abeilles ne s'en font pas avec cette tâche, car elles l'accomplissent à leur insu pendant qu'elles butinent. En effet, le pollen se prend à leurs poils. Elles en mangent un peu et en ramassent dans des «sacs à provisions» situés sur leurs pattes postérieures. Finalement, elles emportent cette nourriture dans leur nid. Mais pendant que les abeilles visitent les fleurs, une partie du pollen se répand. Voilà comment la pollinisation a lieu.

Dans un dessin d'abeille, que mettrais-tu? La plupart des gens lui feraient des rayures jaune et noir et un aiguillon bien pointu. Ce serait là un bon portrait de l'abeille domestique ou du bourdon (si l'insecte est gros et velu). Mais il existe plusieurs autres espèces d'abeilles. Certaines espèces sont noires, bleues ou même rouges. D'autres n'ont pas d'aiguillon. Même chez les abeilles domestiques et les bourdons, seules les femelles peuvent piquer.

En Amérique du Nord, il n'y a que les bourdons et les abeilles domestiques qui vivent en grands groupes. Ce sont des *abeilles sociales*. La plupart des espèces d'abeilles vivent seules. On les appelle *abeilles solitaires*. Elles habitent généralement dans des terriers creusés dans le sol. Les abeilles sociales, elles, vivent dans des nids. Habituellement, les bourdons occupent des terriers abandonnés par des tamias rayés ou des souris. Dans la nature, les abeilles domestiques construisent habituellement leurs nids dans des arbres creux. D'autre part, la plupart des abeilles domestiques vivent dans des *ruches*, des maisons que les humains construisent spécialement pour elles.

On élève les abeilles domestiques pour leur miel, un aliment qu'elles fabriquent à partir du nectar et de leurs liquides corporels. Comme nous tenons aux abeilles, nous avons beaucoup appris sur leur mode de vie. Le nid de l'abeille domestique est formé d'un grand nombre de cellules faites de *cire*. Les cellules ont six côtés, et elles s'ajustent les unes aux autres pour former des *rayons*. Quelques-unes de ces cellules (ou alvéoles) contiennent du miel. D'autres servent de remise pour le pollen. D'autres enfin sont des pouponnières pour les œufs et les larves.

Comme chez les fourmis, une colonie d'abeilles se compose d'une grosse reine qui pond des œufs, de milliers d'ouvrières femelles et de quelques mâles. Les plus jeunes ouvrières s'affairent à l'intérieur du nid. Elles construisent et réparent les cellules, nourrissent les larves et s'occupent de la reine. Si la température baisse trop dans la ruche, les ouvrières s'entassent sur les larves pour leur faire une couverture vivante. À l'inverse, s'il fait trop chaud, les ouvrières se rassemblent à l'entrée de la ruche et battent des ailes pour rafraîchir l'air!

Des ouvrières plus âgées montent la garde à l'entrée de la ruche. Elles piquent leurs ennemis pour les tuer ou les repousser. Cependant, une abeille domestique ne peut piquer qu'une seule fois, car son aiguillon demeure planté dans sa victime. Or, sans son aiguillon, l'abeille meurt.

D'autres ouvrières, plus âgées encore, vont à la recherche de la nourriture. Si elles en trouvent, elles reviennent à la ruche pour avertir les autres. Elles repartent alors plus nombreuses pour se partager la tâche de l'approvisionnement.

Si tu avais une nouvelle très importante à annoncer à un ami, comment t'y prendrais-tu? Tu pourrais lui téléphoner. Si ton ami habitait tout près, tu pourrais accourir chez lui. Si tu étais *très* excité par cette nouvelle, tu pourrais sauter ou danser de joie. Ton ami constaterait alors ton excitation. Mais il n'en connaîtrait pas la cause tant que tu ne serais pas assez calme pour parler.

Chez les abeilles, la découverte d'un massif de fleurs constitue une excellente nouvelle. Mais comment une ouvrière peut-elle l'annoncer puisqu'elle n'a pas de voix? Elle «danse» son message devant les autres abeilles! Si la nourriture est proche, elle danse en rond. Si la nourriture est loin, elle forme une figure qui ressemble à un huit. La vitesse de sa danse et le nombre de ses frétillements renseignent les autres sur la distance à laquelle se trouve la nourriture.

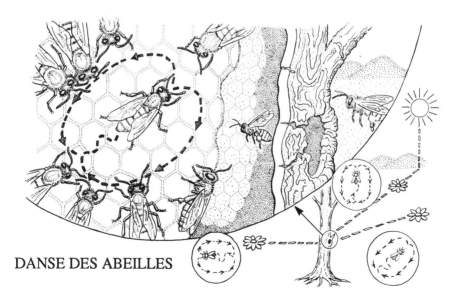

DANSE DES ABEILLES

Voici de quoi te surprendre encore plus. Les autres abeilles savent dans quelle direction il leur faut aller. Celle qui a trouvé la nourriture évalue l'angle formé par la nourriture, la ruche et le soleil (vois l'illustration). Et elle s'oriente sur cet angle pour danser! Ensuite, les abeilles s'envolent vers les fleurs. En s'y approvisionnant, elles nous permettent de profiter de beaux jardins.

Insecte gros porteur

On se demande parfois comment les ailes délicates du bourdon peuvent soulever un corps si gros et si velu. Mais la force de ces ailes est encore plus remarquable lorsque le bourdon retourne à son nid. Sa charge est alors vraiment énorme. Il peut transporter une masse de nectar et de pollen *supérieure à la sienne.* Un avion gros porteur ne peut transporter qu'environ 40 % de sa masse en marchandises et en passagers.

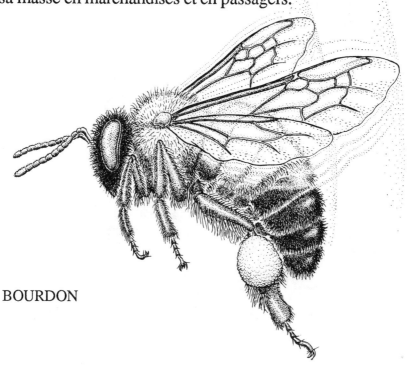

BOURDON

L'a b c des abeilles

Comme il est risqué de regarder à l'intérieur d'une ruche, nous n'avons pas l'occasion de voir les abeilles danser ou fabriquer du miel. Voici quelques moyens d'observer des comportements d'abeilles.

Matériel

Une assiette contenant quelques gouttes
    d'eau sucrée
Une assiette contenant quelques gouttes
    d'eau mélangée avec un édulcorant
    artificiel
Deux bocaux
Deux petites pièces de moustiquaire

Marche à suivre

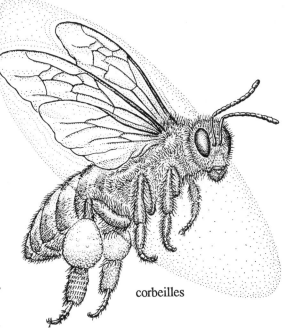

corbeilles

1. Trouve un massif de fleurs où les abeilles aiment aller. Regarde-les travailler d'une distance sûre. Peux-tu voir les corbeilles jaune clair sur leurs pattes postérieures?
2. Observe une abeille qui butine. A-t-elle une façon de faire particulière? Va-t-elle deux fois sur la même fleur? (Voici quelques façons de faire déjà observées. Sur les carottes sauvages, qui sont composées de plusieurs petites fleurs réunies, l'abeille va du bord vers le centre de la grande fleur. Sur les

plantes allongées comme la lysimaque, l'abeille va habituellement du bas jusqu'en haut.)

3. Mets l'assiette contenant les quelques gouttes d'eau sucrée près du massif de fleurs. Puis éloigne-toi et observe. Bientôt, une abeille trouve l'assiette. Que fait-elle?

4. Après quelques moments, l'abeille retournera sans doute à son nid. Note combien de temps s'écoule avant qu'un groupe d'abeilles n'arrive à ton assiette. Selon toi, que s'est-il passé quand la première abeille est retournée à la ruche?

5. Le lendemain, apporte deux assiettes. Mets de l'eau sucrée dans l'une et de l'eau mélangée avec de l'édulcorant artificiel dans l'autre. Les abeilles vont-elles dans les deux assiettes? Semblent-elles préférer une assiette à une autre? (L'édulcorant artificiel n'a aucune valeur alimentaire pour les abeilles.)

6. Par temps chaud, les abeilles ont besoin d'eau. (Tu peux parfois en voir qui boivent à une mare.) Elles excellent à trouver de l'eau, même sans y toucher. Tu peux le vérifier. Remplis un bocal d'eau à moitié et laisse l'autre vide. Ferme les deux bocaux avec une pièce de moustiquaire. Les bocaux semblent pareils, mais les abeilles savent qu'ils sont différents. À quel bocal vont-elles?

ACTIVITÉ

Sirop de trèfle

Seules les abeilles peuvent fabriquer du miel avec du nectar. Mais tu peux faire un sirop sucré semblable au nectar en utilisant du trèfle, une des fleurs préférées des abeilles.

Matériel

1 kg de sucre
350 mL d'eau
1 mL d'alun (tu peux en acheter dans
    une pharmacie)
Une grande casserole
Une pièce d'étamine
Un grand bol à l'épreuve de la chaleur
Un bocal ou une bouteille à grande
    embouchure et muni d'un couvercle
40 fleurs de trèfle blanc, 20 fleurs de
    trèfle rouge et 3 fleurs de trèfle rose

Marche à suivre

1. ⊗ Cueille les fleurs dont tu as besoin. Demande à un adulte de t'aider à trouver un champ ou un jardin où on *n*'a *pas* vaporisé de produits chimiques.
2. Lave les fleurs et mets-les dans le bol à l'épreuve de la chaleur.
3. ⊗ Mets le sucre, l'eau et l'alun dans la casserole. Fais bouillir le mélange pendant 5 minutes.
4. ⊗ Verse le mélange sur les fleurs. Laisse refroidir ce sirop pendant 20 minutes.
5. Passe le sirop dans la pièce d'étamine et mets-le dans la bouteille ou dans le bocal. Tu obtiens environ 750 mL de sirop sucré au léger goût de trèfle. Verses-en sur des crêpes!

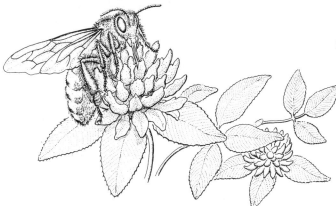

ABEILLE DOMESTIQUE ASPIRANT DU NECTAR

Délice au miel

Les abeilles doivent faire environ 80 000 aller-retour de la ruche aux fleurs pour te donner un pot de miel. Tu apprécieras encore plus ce dur travail en goûtant aux délicieuses bouchées dont voici la recette.

Matériel

250 mL de beurre d'arachides
250 mL de miel (un peu moins s'il est
	très liquide)
250 mL de lait en poudre
Des dattes, des pommes, des abricots
	secs ou des noix hachées
Des graines de sésame ou de la noix de
	coco râpée
Un bol à mélanger
Une grande cuillère
Du papier ciré
Une plaque à biscuits

Marche à suivre

1. Étends du papier ciré sur la plaque à biscuits.
2. Dans le bol, mélange le beurre d'arachides, le miel et le lait en poudre. Ajoute les fruits ou les noix hachées.
3. À la main, façonne des petites boules de 3 cm à 5 cm de diamètre. Roule-les dans les graines de sésame ou dans la noix de coco râpée.
4. Dépose les boules sur la plaque à biscuits recouverte de papier ciré. Mets-la au réfrigérateur pendant une heure.

Cette recette donne environ
18 bouchées au beurre d'arachides et au miel.

Les fourmis, travailleuses infatigables

Comme nous, les fourmis forment des familles. Mais certaines familles de fourmis comprennent des milliers de membres nés de la même mère! Les fourmis vivent toutes ensemble dans un nid appelé fourmilière. Habituellement, ce nid est une «ville» souterraine renfermant des pièces nombreuses et des galeries tortueuses.

La mère des fourmis s'appelle la reine. Elle est beaucoup plus grosse que les autres, et elle ne fait rien d'autre que pondre des œufs. Les autres fourmis femelles (appelées ouvrières) la nourrissent et prennent soin de ses œufs.

Des larves blanches et molles éclosent des œufs. Les ouvrières les nourrissent. Elles les emmènent à l'extérieur quand il fait beau. C'est un peu comme si elles promenaient leurs bébés en poussette!

Bientôt, les larves deviennent des cocons. Lorsque les nouveaux adultes sont prêts à apparaître, les ouvrières ouvrent le cocon avec leurs mandibules. Les nouvelles fourmis sont pâles et faibles. Puis leur carapace durcit et s'assombrit. Les fourmis sont prêtes à travailler.

Peut-être aides-tu tes parents en faisant ton lit ou en sortant les sacs à ordures. Mais tu as aussi le temps de jouer et de te reposer. Les fourmis ouvrières, elles, n'arrêtent jamais. Certaines nettoient le nid. Elles transportent les fourmis mortes, les vieux cocons et les restes de nourriture jusqu'à leur dépotoir. D'autres ouvrières construisent des galeries et des pièces sans autre outil que leurs mandibules. Leur salive leur sert de ciment.

Des ouvrières plus âgées sortent du nid pour chercher de la nourriture. Certaines espèces de fourmis ne voient pas bien. Elles peuvent toutefois sentir avec leurs antennes. De leur nid, elles flairent la piste laissée par d'autres fourmis. Quand deux fourmis se rencontrent, elles se touchent avec leurs antennes. L'odeur leur dit si la fourmi rencontrée est une sœur ou une étrangère. Par ailleurs, certaines espèces de fourmis sont carnivores. Elles tuent des insectes, des vers et des escargots beaucoup plus gros qu'elles en se regroupant pour les attaquer. Puis, toujours en groupe, elles taillent des morceaux de nourriture qu'elles transportent ou traînent jusqu'à leur nid.

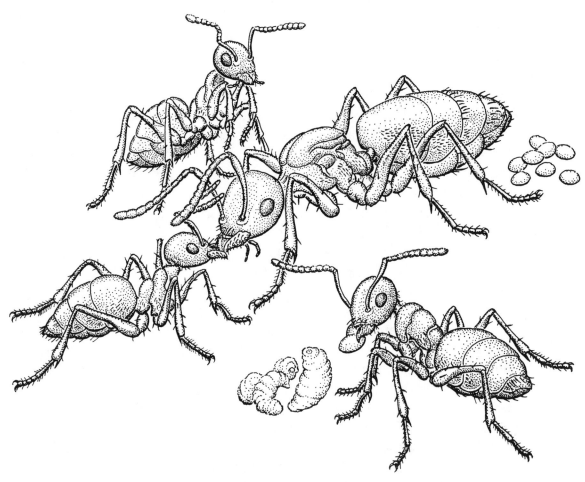

REINE ENTOURÉE D'OUVRIÈRES, D'ŒUFS ET DE LARVES

D'autres espèces de fourmis mangent des graines et boivent la sève des plantes. Certaines deviennent même fermières. Chez les humains, les fermiers élèvent des troupeaux de vaches pour leur lait. Les fourmis fermières, elles, élèvent de petits insectes appelés pucerons. Ceux-ci aspirent la sève dans la tige des plantes. Les fourmis savent qu'en frappant les pucerons avec leurs antennes, ils donneront une goutte de miellée, un liquide sucré dont elles raffolent. Les fourmis transportent donc les pucerons de plante en plante. De plus, elles les protègent des coccinelles qui veulent les manger.

Les ouvrières les plus grosses et les plus fortes jouent le rôle de gardes et de soldats. Elles annoncent l'arrivée des visiteurs en frappant contre le nid avec leurs antennes. Seules les fourmis qui appartiennent au nid et qui dégagent l'odeur voulue sont admises. Toutes les autres sont écartées. Les fourmis défendent leur nid âprement, en mordant avec leurs mâchoires robustes. Certaines fourmis peuvent brûler et aveugler leurs ennemis en lançant un jet d'acide de l'arrière de leur corps.

Dans le nid, quelques fourmis n'ont pas à travailler. Ces fourmis spéciales possèdent des ailes. Parmi elles, il y a des mâles et des femelles. Les ouvrières s'en occupent jusqu'à ce qu'elles soient prêtes à quitter le nid.

Puis, un beau jour, des essaims de fourmis ailées s'élèvent. Les mâles et les femelles s'accouplent en volant. Peu de temps après, les mâles tombent sur le sol et meurent. Les femelles, cependant, sont sur le point de vivre la plus grande aventure de leur vie. Si elles ne sont pas mangées par des oiseaux et des araignées, les plus rapides et les plus chanceuses deviendront des reines.

Chaque reine se débarrasse de ses ailes le plus vite possible. Elles ne sont plus nécessaires, et elles ralentissent la fourmi. Puis celle-ci se cherche un endroit frais et sombre où elle pourra s'installer. Elle va sous une pierre ou dans une fissure du sol. Là, elle pond ses œufs et attend qu'ils éclosent. Au bout de quelques mois, une nouvelle famille de fourmis s'affairera dans sa nouvelle maison.

Observons des fourmis

Matériel

Un sac de plastique contenant un peu de sucre

Un sac de plastique contenant quelques graines de gazon

Un sac de plastique contenant un peu de bacon en miettes

Une loupe

Marche à suivre

1. Cherche des fourmis. Si tu regardes dans ta cour ou sur un trottoir, tu en verras sans doute courir dans tous les sens.
2. Répands quelques grains de sucre sur le chemin des fourmis. Que font-elles?
3. Essaie de trouver une fourmilière. Cherche un petit monticule de sable surmonté d'une ouverture. Répands quelques grains de sucre à l'entrée de la fourmilière. Qu'arrive-t-il?
4. Répands ensuite quelques graines de gazon ou un peu de bacon en miettes. Vois-tu ce que les fourmis aiment manger?
5. Avec ta loupe, regarde les fourmis entrer et sortir du nid. En vois-tu qui entrent des objets dans le nid? Quoi? En vois-tu qui sortent des objets? Comment s'y prennent-elles? Qu'arrive-t-il si un autre insecte s'approche de l'entrée du nid?
6. Suis quelques fourmis qui travaillent. Semblent-elles suivre toujours le même trajet? Quand deux fourmis se rencontrent, que font-elles? Leur arrive-t-il d'entrer en collision? Qu'arrive-t-il quand une fourmi rencontre une autre espèce d'insecte?
7. Maintenant que tu t'y connais, tu peux peut-être écrire une histoire racontant les aventures d'une fourmi. Tu peux aussi dessiner des fourmis au travail.

Une fourmilière chez toi

Fais l'activité de la page 78 afin de te familiariser avec le mode de vie des fourmis. Ensuite, «fonde» une fourmilière.

Matériel

Des sacs de plastique et des attaches
    métalliques
Du papier journal
Une pelle
Un petit seau
Une grande cuillère
Un grand bocal de verre (du type que
    l'on utilise pour les conserves) muni
    d'un couvercle dévissable et d'un
    sceau
Des pièces de moustiquaire fin
Un bloc de bois
Un morceau d'éponge d'environ 2 cm
    sur 2 cm
Du papier construction noir
Des graines de gazon, du sucre

Marche à suivre

1. ⊗ Enlève le couvercle du bocal. Sépare le sceau de la rondelle de métal. Demande à un adulte de découper deux cercles de moustiquaire en utilisant le sceau comme modèle. Il faut deux épaisseurs de moustiquaire pour empêcher les fourmis de s'échapper.

2. Mets le bloc de bois au milieu du bocal. Les fourmis resteront ainsi près de la paroi du bocal, et tu pourras les voir travailler.

3. Trouve une fourmilière et étends le papier journal à côté. Creuse avec la pelle. Mets la terre sur le papier journal. Cherche des fourmis, des œufs et des larves. Efforce-toi de trouver une reine car, sans elle, ta fourmilière ne pourra pas tenir longtemps. La reine est beaucoup plus grosse que les autres fourmis. À l'aide de la cuillère, mets tous les insectes dans les sacs de plastique. Prends soin de ne pas blesser les fourmis. Essaie de récolter de 30 à 50 fourmis du même nid. Assure-toi de ne pas récolter de fourmi étrangère au nid, car les autres la tueraient.

4. Mets de la terre dans ton seau. Ramasses-en assez pour pouvoir remplir ton bocal aux trois quarts. Retourne chez toi.

5. Mets les sacs de plastique contenant les fourmis au réfrigérateur pendant environ 10 minutes. Ne les oublie pas! Le froid ralentira les fourmis, et tu pourras les manipuler plus facilement. Mets les fourmis dans le bocal en prenant toujours soin de ne pas les blesser.

6. Remets tout de suite les deux pièces de moustiquaire sur le bocal pour empêcher les fourmis de s'échapper. Visse la rondelle de métal solidement pour tenir le moustiquaire en place.

7. Donne à manger à tes fourmis. Enlève la rondelle et soulève un peu le moustiquaire en veillant à ce que les fourmis ne sortent pas. Mets le petit morceau d'éponge humecté sur la terre. Si tu gardes l'éponge humide, tes fourmis auront toujours à boire. Répands quelques graines de gazon ou quelques grains de sucre sur la terre. Il se peut que les fourmis aiment aussi les miettes de pain, de gâteau, de fruits et de légumes. Tu apprendras bientôt ce qu'elles aiment.

COUPE D'UNE FOURMILIÈRE

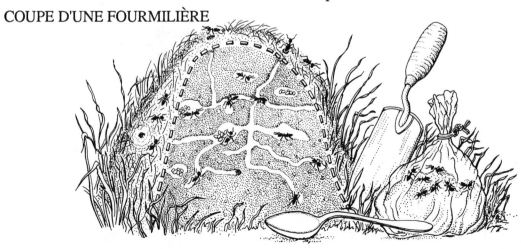

8. Visse la rondelle de métal pour tenir les deux morceaux de moustiquaire en place. Enveloppe la paroi du bocal d'un tube de papier construction noir. Colle le tube avec du ruban gommé, assez lâchement pour pouvoir le relever et observer les fourmis.

9. Garde le bocal à la température de la pièce. Ne le mets pas au soleil ou près d'un calorifère.

10. Tous les deux jours, enlève ce que les fourmis n'ont pas mangé et donne-leur de la nourriture fraîche.

11. Les fourmis prendront quelque temps à s'habituer au bocal. Ensuite, elles commenceront à construire des pièces et des galeries dans la terre. Tu les verras aller chercher de la nourriture et l'emmagasiner. Tu verras aussi les grains de terre qu'elles apportent à la surface à mesure qu'elles creusent leurs galeries.

12. Après deux semaines d'observation, libère les fourmis à l'endroit où tu les as récoltées.

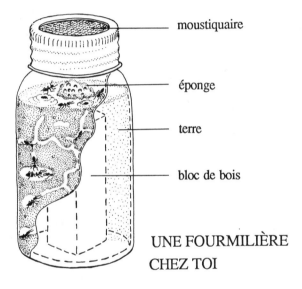

moustiquaire

éponge

terre

bloc de bois

UNE FOURMILIÈRE CHEZ TOI

Les petites fermières du sous-sol

Les habitants des régions tropicales d'Amérique du Sud sont parfois témoins d'un étrange spectacle. Il leur arrive de voir deux longues files de fourmis marchant en direction opposée. Dans une des files, les fourmis semblent transporter de petits parasols verts. Ce sont des fourmis-parasols. Elles parcourent plus de 1 km pour se rendre jusqu'à leurs feuilles préférées. Chaque fourmi découpe un petit triangle dans la feuille. Puis, chargées de leur feuille, les fourmis reprennent le chemin de leur nid souterrain. Après un tel effort, on s'attendrait que les fourmis se reposent et mangent. Mais non. Elles transportent leurs provisions jusque dans des pièces souterraines. Elles broient les feuilles en petits morceaux qu'elles éparpillent. Puis elles attendent. Après quelque temps, un champignon se développe sur les feuilles. Finalement, les petites fermières se régalent... du champignon!

Invasion

En Afrique et en Amérique du Sud vivent des créatures si terribles que tous les animaux les fuient. À leur approche, les villageois abandonnent leur maison. Même les éléphants s'enfuient. Qui sont ces puissants guerriers? Des fourmis légionnaires! Leur colonne peut mesurer 3 m de largeur et des centaines de mètres de longueur. Aucun obstacle ne peut les arrêter. Elles traversent même les rivières, car certaines joignent alors leurs pattes pour former un pont vivant.

Cette armée dévore tout ce qu'elle trouve sur son passage: insectes, serpents, oiseaux. Les fourmis peuvent aussi manger de gros animaux s'ils sont captifs ou immobilisés. Ces fourmis légionnaires ont-elles du bon? Oui. Une fois que l'armée est passée, les villageois rentrent chez eux. Ils s'aperçoivent alors que leur maison a été débarrassée des parasites tels que les rats et les puces.

Distributrices vivantes

Qu'est-ce qui est rond et jaune, qui pend du plafond et qui fournit un goûter sur demande? Tu donnes ta langue au chat? Il s'agit d'une fourmi. Toutes les fourmis ont deux estomacs. Le premier est destiné à leur usage personnel et sert à digérer les aliments. Le deuxième sert à tout le monde et s'appelle *jabot*. Une ouvrière rentre au nid apportant de la nourriture dans son jabot. Une autre fourmi se présente et demande à manger en touchant à la première fourmi avec ses antennes. Celle-ci en régurgite un peu pour nourrir l'affamée.

Les fourmis pot-de-miel poussent le partage encore plus loin. Elles recueillent de la sève et en gavent quelques-unes de leurs sœurs. Ces fourmis suralimentées deviennent si grosses et si rondes qu'elles ne peuvent marcher. Alors elles s'accrochent au plafond du nid et y restent à la journée longue. Si les fourmis pot-de-miel viennent à manquer de nourriture, elles commandent un repas à ces distributrices géantes!

FOURMIS POT-DE-MIEL

Les araignées, cousines des insectes

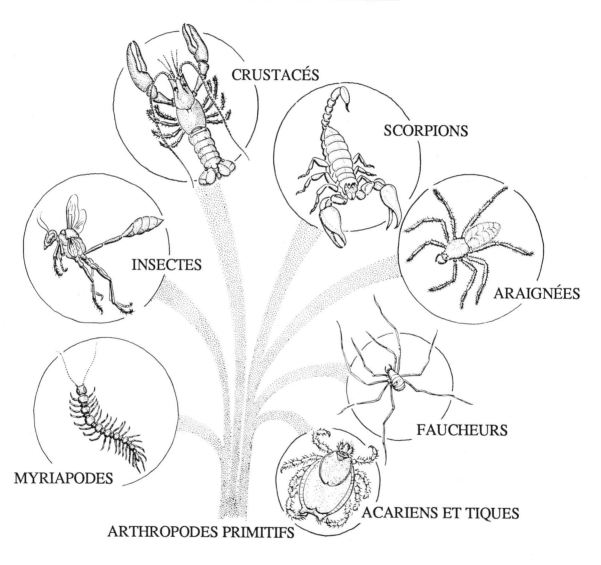

CRUSTACÉS

SCORPIONS

INSECTES

ARAIGNÉES

MYRIAPODES

FAUCHEURS

ACARIENS ET TIQUES

ARTHROPODES PRIMITIFS

Les araignées, dentellières expertes

Aimerais-tu avoir plus de deux yeux? Une paire d'yeux à l'arrière de la tête, ce serait pratique! Personne ne pourrait plus rien te cacher... Et si tu avais un œil de chaque côté de la tête? Tu serais plus en sécurité pour traverser les rues. La plupart des araignées ont huit yeux, et elles peuvent voir dans toutes les directions à la fois.

Les araignées sont des cousines éloignées des insectes. Comme celui des insectes, leur squelette est externe. Cependant, leur corps comprend seulement deux parties. Leur tête et leur thorax sont réunis et forment un *céphalothorax*. Elles ont aussi un *abdomen*. La différence la plus remarquable entre les insectes et les araignées est que ces dernières ont toutes huit pattes. (Comme tu le sais déjà, les insectes se débrouillent avec six.) Les araignées appartiennent à une classe d'animaux appelés *arachnides*. Les tiques et les autres acariens ainsi que les scorpions sont apparentés aux araignées.

Comme les insectes, les araignées pondent des œufs. Cependant, elles ne traversent pas de stade larvaire, et ce sont de petites araignées qui sortent des œufs. Elles sont en tout point pareilles à leurs parents. Au fil de leur croissance, elles muent plusieurs fois. Si toutes les petites araignées demeuraient à l'endroit où elles ont éclos, elles devraient se disputer la nourriture. Elles pourraient même aller jusqu'à s'entredévorer. Elles doivent donc se disperser. Selon toi, comment font-elles?

Les araignées n'ont pas d'ailes. Toutefois, elles ont un moyen de s'envoler au besoin. Elles produisent des fils de soie longs et résistants par six *filières* situées sous leur abdomen. En sortant de la filière, la soie est liquide, mais elle sèche au contact de l'air. Lorsque les araignées veulent voyager, elles soulèvent leur abdomen et sécrètent un fil de soie. La brise emporte ce fil, et l'araignée est soulevée dans les airs: c'est la dispersion aérienne. Bien que certaines araignées ne parcourent que quelques centaines de mètres, on en a trouvé à une altitude de 4200 m! D'autre part, les araignées se servent aussi de fils plus courts pour passer d'un endroit à un autre.

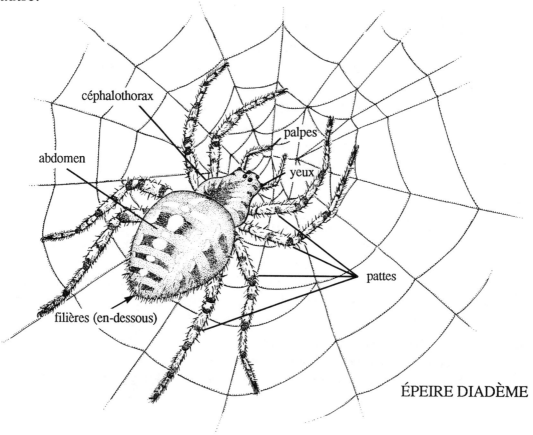

ÉPEIRE DIADÈME

Toutes les araignées sont prédatrices, et elles empoisonnent leurs proies avec leurs crochets. Elles aspirent ensuite leurs sucs, laissant une carcasse vide. On ne peut évoquer les araignées sans penser aux toiles où elles attendent leurs victimes. Mais bien que toutes les araignées produisent de la soie, certaines ne tissent pas de toile pour capturer leurs victimes.

Les araignées-loups sautent sur leurs proies. Les plus grosses des araignées, les mygales, creusent des terriers munis de trappes dans le sol. La mygale s'y cache jusqu'à ce qu'elle puisse attirer une sauterelle, un coléoptère ou un autre malheureux insecte dans ce piège. L'araignée du genre dicrostichus capture des papillons de nuit en leur lançant un fil de soie terminé par une gouttelette collante.

Certaines araignées tissent des toiles qui semblent désordonnées. Ces toiles, que l'on trouve souvent dans les coins des pièces, ne sont que des masses de soie lâches tissées par des araignées domestiques.

Les plus belles toiles d'araignée sont appelées toiles orbiculaires. Ces chefs-d'œuvre de dentelle sont fabriqués par les araignées qui vivent dans les jardins et dans les cours. D'abord, l'araignée tisse quelques fils résistants qui soutiendront la toile. Puis elle tisse les longs fils qui vont du centre à l'extérieur de la toile et qui ressemblent aux rayons d'une roue. Enfin, l'araignée construit la partie collante qui unit tous les rayons. Les pattes de l'araignée sont enduites d'une huile qui lui permet de ne pas se prendre à sa propre toile.

Sa toile terminée, l'araignée se cache et attend. En se débattant, l'insecte pris au piège fait trembler la toile. L'araignée accourt et enveloppe soigneusement sa proie dans de la soie. Chaque fois que l'araignée aura envie de manger, elle ira se servir à même ce petit emballage.

Les toiles d'araignée ne sont pas des décorations, mais bien des pièges. Cependant, à la vue d'une toile parfaite perlée de gouttes de rosée, on ne peut qu'admirer l'habileté de l'artisane qui l'a fabriquée.

L'œuvre d'une araignée

Les toiles de l'épeire diadème ont parfois la beauté d'une fine dentelle. Savais-tu qu'il existait un moyen de les recueillir et de les préserver? Fais l'activité suivante avec un camarade.

Matériel

Une petite canette d'émail blanc ou noir en aérosol
Du papier journal
Du papier fort ou du carton blanc ou noir (utilise du papier noir avec de l'émail blanc et vice versa)
Des ciseaux

Marche à suivre

1. Par une journée sans vent, sors très tôt, pendant que les toiles sont encore fraîches. Cherche une toile sèche en bon état.
2. ⊗ Vaporise de l'émail sur la toile. Demande à ton camarade de tenir du papier journal derrière la toile afin de protéger les fleurs, les murs ou les objets. (Prends garde de ne pas atteindre ton camarade avec l'émail!)
3. ⊗ Tiens la canette à environ 60 cm de la toile pendant que tu vaporises. Si tu te rapprochais trop, tu pourrais

faire un trou dans la toile. Vaporise l'émail sur les deux côtés de la toile. Ses fils deviendront très collants.

4. Tu dois maintenant placer la feuille de papier contre la toile. Ton camarade et toi pouvez tenir chacun un côté de la feuille. Essaie de tenir la feuille droite et d'atteindre tous les fils de la toile en même temps. La toile collera instantanément à la feuille de papier. Tu ne pourras donc pas modifier sa position sur la feuille.

5. Avec les ciseaux, coupe les fils auxquels est attachée la toile.

6. Dépose la feuille et laisse-la sécher pendant environ 15 minutes. Ne touche pas à la toile pendant qu'elle sèche.

7. Une fois que la toile est sèche, tu peux la recouvrir d'une pellicule de plastique pour la protéger. Encadre ce chef-d'œuvre ou accroche-le au mur tel quel. Maintenant, tu peux admirer à loisir la beauté de ta toile!

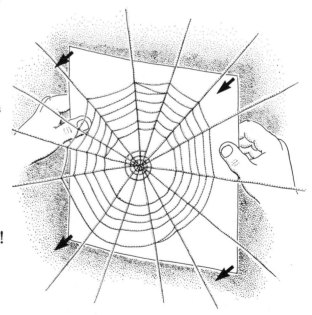

ACTIVITÉ

Un atelier pour une araignée

Une araignée tissera une toile juste pour toi si tu lui construis un cadre de bois qui lui servira d'atelier.

Matériel

Un grand récipient d'au moins 45 cm
  sur 35 cm
Quelques morceaux de pin ou d'un
  autre bois (vois l'illustration):
  2 morceaux de 50 cm de longueur
  pour les poteaux
  2 morceaux de 35 cm de longueur
  pour les barreaux
  2 morceaux de 20 cm de longueur
  pour les pieds
Des clous
Un marteau
Une épeire diadème

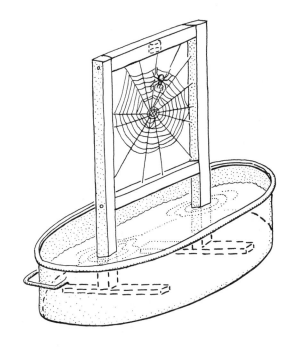

Marche à suivre

1. ⊗ Cloue les pieds au bas des poteaux. Cloue les deux barreaux aux poteaux. L'illustration te montre le résultat final.
2. ⊗ Les araignées aiment avoir une cachette. Tu peux demander à un adulte de percer un trou de 1 cm dans le barreau du haut.

3. Remplis le récipient d'eau. Place le cadre dans l'eau. L'eau empêchera l'araignée de s'échapper.
4. Cherche une araignée qui tisse une toile ou qui y est arrêtée. Mets l'araignée dans un bocal et ferme vite le couvercle. Sois patient. Trouver la bonne araignée peut te prendre quelque temps.

5. Mets l'araignée sur le cadre. Elle ne commencera probablement pas tout de suite à tisser sa toile. Donne-lui deux ou trois jours pour s'habituer au cadre. Elle tissera sans doute sa toile pendant la nuit ou tôt le matin. Le troisième ou le quatrième matin, tu devrais trouver une toile tissée dans le cadre.

6. Si tu veux garder l'araignée quelques jours de plus, tu dois la nourrir. Capture quelques mouches et jette-les dans la toile. Que fait l'araignée?

7. Au bout d'environ une semaine, libère l'araignée près de l'endroit où tu l'as trouvée.

Du fil à retordre

Tu peux observer une araignée qui se laisse descendre le long d'un fil.

Matériel

Une araignée
Un crayon

Marche à suivre

1. Capture une araignée. (Utilise la méthode du verre et du carton expliquée à la page 11.)
2. Fais marcher l'araignée sur le crayon. Tiens-le à la hauteur de ta poitrine, au-dessus d'un plancher ou d'un trottoir. Pousse doucement l'araignée vers le bout du crayon. Lorsqu'elle atteint la pointe, pousse-la délicatement. Que fait-elle?
3. Comment l'araignée descend-elle? Ses pattes touchent-elles au fil de soie?
4. Avant que l'araignée n'atteigne le sol, touche-la délicatement. Elle remontera probablement le long de son fil. Combien de pattes utilise-t-elle pour remonter? Qu'arrive-t-il à son fil pendant qu'elle remonte?

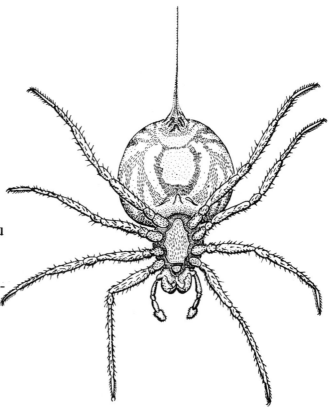

5. Refais l'expérience avec d'autres espèces d'araignées. Quand tu as terminé, libère les araignées à l'endroit où tu les as trouvées.

Le scaphandre d'une araignée

Comme nous, les araignées respirent. Mais comment s'y prend l'argyronète, une araignée qui passe toute sa vie sous l'eau? Elle tisse une petite toile sous-marine, qu'elle attache à une algue. Puis elle remonte à la surface. Elle donne un coup de pattes. Une petite bulle d'air se forme contre son abdomen. L'araignée plonge jusqu'à sa toile et y attache la bulle d'air. Elle recommence ce manège plusieurs fois. Chaque nouvelle bulle s'unit à celles qui sont déjà attachées à la toile pour former une seule bulle de plus en plus grosse. Quand la bulle atteint la bonne grosseur, l'araignée y pénètre. Là, elle a tout l'air qu'il lui faut, en plus d'une vue panoramique!

Des araignées spatiales

Quelles ont été les premières araignées à voyager dans l'espace? Ce furent deux épeires diadèmes surnommées Arabella et Anita. Les scientifiques les embarquèrent à bord du Skylab pour voir si elles pourraient tisser leur toile en état d'apesanteur. En effet, la force qui nous retient sur la Terre, la pesanteur, ne s'exerce pas dans l'espace. Contrairement à ce que prévoyaient les scientifiques, Arabella et Anita sont parvenues à tisser. Seulement, leurs toiles n'étaient pas aussi régulières que sur la Terre.

Mauvaise nouvelle pour les insectes

Les araignées sont apparues sur la Terre il y a environ 300 millions d'années, c'est-à-dire presque en même temps que les premiers insectes ailés. D'ailleurs, certains spécialistes des insectes croient que ceux-ci ont développé des ailes pour tenter d'échapper aux araignées! Aujourd'hui, il existe environ 23 000 espèces d'araignées. Elles mangent toujours des insectes en quantités énormes. En fait, la masse d'insectes dévorés par les araignées chaque année est probablement supérieure à la masse totale des humains qui peuplent la Terre.

La vérité sur les mygales

Les réalisateurs de films d'aventures connaissent un moyen infaillible de terrifier les spectateurs. Ils n'ont qu'à montrer une mygale déambulant sur la peau du héros ou de l'héroïne. Il est vrai que les mygales n'ont pas une mine sympathique. Leur corps est gros et velu. Les pattes étendues, elles peuvent mesurer 30 cm de diamètre. Lorsqu'elles sont menacées, elles se lèvent sur leurs pattes postérieures et émettent un sifflement. Malgré tout, elles sont d'un naturel timide et préfèrent la fuite à la bataille. Certaines personnes en gardent même à la maison à condition cependant de prendre quelques précautions. Ce n'est pas tant que les mygales mordent, car elles ne le font qu'en cas de danger, et leur morsure ne cause pas plus de mal qu'une piqûre d'abeille. C'est surtout à cause de leurs poils, qui se détachent facilement et qui causent une éruption douloureuse.

MYGALE

Index